辽宁工程技术大学博士科研基

U0518090

新生代农民工
城市定居意愿研究

XINSHENGDAI NONGMINGONG
CHENGSHI DINGJU YIYUAN YANJIU

黄庆玲 著

中国财经出版传媒集团
经济科学出版社
Economic Science Press

图书在版编目（CIP）数据

新生代农民工城市定居意愿研究/黄庆玲著. —北京：经济科学出版社，2019.5
ISBN 978 - 7 - 5218 - 0583 - 3

Ⅰ.①新…　Ⅱ.①黄…　Ⅲ.①农民工 - 城市化 - 研究 - 中国　Ⅳ.①D422.64

中国版本图书馆 CIP 数据核字（2019）第 109432 号

责任编辑：李　雪
责任校对：隗立娜
责任印制：邱　天

新生代农民工城市定居意愿研究
黄庆玲　著
经济科学出版社出版、发行　新华书店经销
社址：北京市海淀区阜成路甲 28 号　邮编：100142
总编部电话：010 - 88191217　发行部电话：010 - 88191522
网址：www. esp. com. cn
电子邮件：esp@ esp. com. cn
天猫网店：经济科学出版社旗舰店
网址：http://jjkxcbs. tmall. com
固安华明印业有限公司印装
880×1230　32 开　6 印张　120000 字
2019 年 7 月第 1 版　2019 年 7 月第 1 次印刷
ISBN 978 - 7 - 5218 - 0583 - 3　定价：38.00 元
（图书出现印装问题，本社负责调换。电话：010 - 88191510）
（版权所有　侵权必究　打击盗版　举报热线：010 - 88191661
QQ：2242791300　营销中心电话：010 - 88191537
电子邮箱：dbts@ esp. com. cn）

前　　言

　　作为世界上最大的发展中国家，我国农业转移人口的乡—城迁移过程具有特别的"中国路径"，即农民工在实现职业非农化的同时未能实现市民身份的转变。数以亿计的被统计为城市化人口的农民工，在教育、就业、医疗、养老、保障性住房等方面未能享受与城镇居民同等的基本公共服务，农民工的"半城市化"现状导致城市内部出现新的二元矛盾。如何促进和引导有城市定居意愿的农民工实现市民化已成为我国城市化发展中必须解决的问题。

　　本书着眼于有更强城市化意愿的新生代农民工的未来定居去向，应用统计分析及 mlogit 模型从个体特征视角考察了不同类型务工城市新生代农民工的"留城"意愿及不打算留下来但有城市定居意愿者的"回家乡中小城市"定居倾向，探究了新生代农民工中小城市定居及属地就近定居的趋势和特征，研究成果可以为国家及不同类型务工城市制定宏观及差异化的城市化政策提供参考。

本书所用的数据来自 2012 年暑期辽宁 5 市（县）的实地调研，调查采取一对一问卷访谈模式，真实、翔实地反映了新生代农民工在务工城市的各方面状况及农村老家的家庭生活、财产状况及他们的城镇化意愿和诉求。近年来，农民工的市民化问题日益引起国家的高度关注，重大利好消息连续出台。2014 年 7 月，国务院印发《关于进一步推进户籍制度改革的意见》，提出统筹推进户籍制度改革和基本公共服务均等化；2015 年 11 月，国务院发布《居住证暂行条例》；2016 年 8 月国务院下发《关于实施支持农业转移人口市民化若干财政政策的通知》；2016 年 12 月，中共中央、国务院印发《关于稳步推进农村集体产权制度改革的意见》，提出要维护进城落户农民土地承包权、宅基地使用权、集体收益分配权；2019 年 1 月人社部印发《新生代农民工职业技能提升计划（2019～2022 年）》；2019 年 1 月 3 日，中共中央、国务院出台《关于坚持农业农村优先发展做好"三农"工作的若干意见》提出要增加农民就地就近就业岗位，这些利好政策和举措极大程度上提升了农民工在城镇化过程中的获得感、幸福感，同时也让从事农业转移人口市民化相关研究的同仁们感到了学术辛劳后的欣慰。

本书的部分内容曾刊载于《农村经济》《中国青年研究》《调研世界》《农业经济》《高等农业教育》，在本书付梓之际，特对经济科学出版社李雪老师的热情指导及以上刊物编辑老师的辛勤劳动，致以深深的谢意。

　　鉴于本书作者能力所限，书中难免有疏漏、不足之处，恳请同仁批评、指正，不胜感谢。

黄庆玲

2019 年 3 月

目录

第1章

绪　　论

1.1　研究背景与研究意义

1.1.1　研究背景及问题的提出

城镇化是人类社会发展的客观趋势。伴随着中国工业化发展进入中后期，工业化对经济发展的主推作用正日益被城镇化大潮所激发的内需动力所赶超。众所周知，在过去的三十多年中，中国受益于凭借发展劳动密集型行业和出口导向型经济所带来的人口红利，但2008年的国际金融危机使中国越发认识到内需在中国未来发展中的优先地位。农民工城市化将成为刺激中国内需的强劲动力，这一观点已越来越成为一种共识。

《国家新型城镇化规划（2014～2020年）》显示，1978～2013年我国城镇常住人口从1.7亿人增加到7.3亿人，城镇化率从 17.9% 提升到 53.7%。但在我国城镇化快速发展的过程中，也存在一些突出的矛盾和问题。如城市"摊大饼"式的扩张所导致的"鬼城"现象、城市管理服务水平滞后导致的城市内涝、雾霾等现象。必须指出的是，目前中国城市化发展最关键的"抓手"还是农业转移人口的市民化问题。

全国性调查显示，农民工定居城镇意愿强烈，八成人数即便不放开户口也将长期留在城镇（韩俊等，2011）。根据原国家计划生育委员会 2009 年的预测，未来 20 年中国还将有 3 亿农村转移人口进入城镇。由于受城乡分割的户籍制度影响，被统计为城镇人口的农民工及其随迁家属，未能在教育、就业、医疗、养老、保障性住房等方面享受城镇居民的基本公共服务。城镇内部出现新的二元矛盾，农村留守儿童、妇女和老人问题日益凸显，给经济社会发展带来诸多风险隐患，引起社会对中国城市化道路的关注和反思。在当前形势下，中国想要达到一个协调、和谐的"真城市化"还有很长的路要走。

对于中国第一代农民工来说，他们中只有小部分在城市定居下来。这在很大程度上是在资本和信贷市场不发达、劳动力市场不稳定、同时缺乏足够的社会保险机制等条件下，迁移者家庭为充分利用家庭资源，最大限度地增加家庭的就业和收入并降低风险所采取的一种策略（Stark & Bloom，1985）。根据目前打工城市的房价和物价水平，以及农民工的就业和收入水平，绝大多数农民工不具备在打工城市定居的能力（章铮，

2006)。不容否认，如今的老一代农民工由于具有多年的城市工作和生活经历，可能更有能力定居城市，但现实中，我们注意到，大多数的第一代农民工可能依旧保持循环流动状态，他们更大程度上是为了子女教育而留在城市，并且希望未来子女能够定居城市。

2010年中央"一号文件"中首次使用了"新生代农民工"的提法，并要求采取有针对性的措施，着力解决新生代农民工问题，让新生代农民工市民化。新生代农民工指的是20世纪80年代以后（"80后"）、20世纪90年代以后（"90后"）出生的农民工，与第一代农民工相比，他们具有"三高一低"的特征：受教育程度高，职业期望值高，物质和精神享受要求高，工作耐受力低。新生代农民工绝大多数根本没有务农的经历和经验，他们与城市青年的思考和做事方式相近，他们的"城市梦"比父辈更执着。

对于新生代农民工而言，他们有较少的农村和土地情结。同时有着对城市生活方式的认可。男性农村青年找对象时的硬性条件、农村青年人城市化趋势的影响，都可能增强了他们定居城市的愿望。另外，目睹第一代农民工夫妻分居、留守儿童、留守老人问题（以牺牲三代人的幸福为代价获取家庭经济状况的改善），新生代农民工不愿再重复父辈的老路，他们希望安居乐业，希望享受家庭团聚，希望亲自监护自己的子女。已有的研究已经证实新生代农民工较上一代有更强的城市定居意愿。尽管他们目前处于既不能定居在务工城市，又不想回农村老家的尴尬处境，但在不远的将来他们中的绝大多数必将在城市安居下来。

"农民工变市民"的问题涵盖两个方面：一是务工城市是否愿意接纳农民工融入城市；二是农民工是否愿意"留城"及选择留在哪个城市的问题。可以推断，农民工不一定都在务工城市实现市民化。因此，有必要了解农民工尤其是新生代农民工的城市定居意愿。

在发达地区尤其在东部沿海地区产业升级，中西部地区经济、社会加快发展的背景下，中国的劳动力流动正经历着显著的变化：根据 2012 年中国农民工监测报告，中国东部沿海的长三角、珠三角等地区吸纳的农民工比例在下降，中西部地区吸纳的农民工比例在增加；2012 年、2013 年的监测报告显示，在外出农民工中的省内流动占外出农民工总量的 53.2%、53.4%，省内迁移已成为中国乡—城迁移人口的主体。因此，农民工选择在家乡就近就业、定居的可能性增强，农民工家乡中小城市有望成为他们更偏爱的定居之地。

了解农民工的定居意愿是促进农民工市民化或城市融合的必要步骤，政策导向是一方面，了解政策对象的真实想法和实际情况是另一方面。那么，目前新生代农民工是否都将务工城市作为他们未来的生存发展之地？如果不是，其中有城市定居意愿的人群会选择哪里作为他们的定居地？权威研究指出，中小城市将在促进中国更好、更快的城市化进程中发挥关键作用（中国社会科学院，2012）。在中小城市户籍政策放开的形势下，新生代农民工对中小城市的定居意愿如何？从个体特征角度来看，哪些因素影响了新生代农民工的定居选择？

1.1.2 研究意义

我国的新生代农民工代表着农民工的主流，正由"亦工亦农"向"全职非农"转变，由"城乡双向流动"向"融入城市"转变，由"寻求谋生"向"追求平等"转变（韩俊，2009）。新生代农民工鲜明的时代性、发展性，使之成为最有市民化意愿和亟须市民化的群体。促使一定比例的农民工在城市定居是促进新生代农民工自身发展、推动和谐社会建设的重要方式，也是推进我国城市化进程、提高城市化质量、促进经济社会可持续发展的现实需要。

从理论意义上讲，农民工不一定在务工城市完成"市民化"进程，考察新生代农民工城市定居意愿的分化状况，把握其变化趋势，探究其是在务工城市就地市民化，或是在家乡就近市民化，是探索中国农民工市民化道路的必要方式。中国作为世界上最大的发展中国家，其数以亿计的乡—城迁移群体的城市化过程，对于众多发展中国家城市化道路、城乡融合发展方式的选择，具有特别的参考价值。

　　就现实意义而言，首先，只有了解农民工特别是新生代农民工定居城市意愿的分化及趋向，国家、不同类型城市才能采取有针对性的政策，让有城市定居意愿的农民工在其合意的城市定居下来，进而融入城市，才能在真正意义上提高中国的城市化质量，改变目前统计上城市人口虚高的现状，改变目前空泛的"土地城市化"为务实的"人的城市化"；其次，了解农民工的城市定居意愿的分化，并促进其在合宜之地安居，能够真正激发农民工"自选择"的城市化的消费潜能，在农民工的"衣食住行"日渐被城市生活模式同化的过程中，增加城市新市民的购买力，从而促进中国经济的持续健康发展；最后，伴随经济转型、产业转移和城镇化战略调整，中小城市在农民工定居选择中的意义也备受瞩目，通过对新生代农民工对定居（家乡）中小城市意愿的考察，可以对国家在逐步放开中小城市户籍政策及大、中小城市及小城镇协调发展的城市化道路做出检验。

1.2　研究综述

1.2.1　中国劳动力乡—城迁移的特殊性和一般性

　　中国作为世界上最大的发展中国家适逢经济和社会转型的

特殊时期，其数以亿计的乡—城迁移群体选择的城市化道路也在逐步的探索中厘清。中国劳动力的乡—城迁移，与许多发达国家一开始所进行的城市化模式不同，其迁移行为并不导致永久迁移所产生的根本归属的转移和重新定位（Spann，1999）。这种人口迁移不仅是"非永久迁移"（non-permanent migration）或"暂时迁移"（temporary migration），而且更多是一种往返于迁入地与迁出地之间、一次或多次的往返循环性流动（Bale & Drakakis – Smith，1993）。通过利用城乡资源，农民工确实能从两地获取到最多的利益，循环流动已经成为众多农民工改善经济福祉的一种长期的重要方式（Fan，2008）。

人口迁移并不是中国特定时期出现的特殊现象，在各个历史时期、各个国家和地区都曾发生。与一些研究者所想象的中国之外只有移民而没有暂时迁移者的情况不同，以非永久性为主要特征的循环流动及其研究在发展中国家占有十分重要的地位（朱宇，2004）。许多发展中国家的迁移者在迁移过程的一开始，大多数迁移者的目标是获得收入的增加之后返乡（Piore，1979）。我们可以在 20 世纪 60 年代和 20 世纪 70 年代的美国和法国的国内迁移过程中找到证据。事实上，迁移者再次选择定居地点时出现的分化始终伴随着迁移过程。而且，如现在的津巴布韦、美拉尼西亚，特别是东南亚等发展中国家人口迁移也是以暂时性迁移为主要趋势（Hugo，1978，1997；Goldstein，1978，1993；Spaan，1999；Guest，1999）。

中国传统意义上的农民工多具有这一特征，虽然有极少部分的农民工通过流动在城市沉淀下来，但大多数第一代农民工多以最大限度地增加家庭的就业和收入并降低风险为目标。随着中国经济的快速发展和城市化进程的快速推进，农村劳动力的乡—城流动进入新的阶段，其城市定居意愿也日渐增强。

1.2.2 农民工城市定居意愿的时空差异

（1）随时间发展的农民工城市化意愿

正如蔡昉（2001）指出的：中国农村劳动力的异地迁移分为两个过程，从迁出地转移出去，在迁入地定居下来，然而他们流动到城市后并不能在那里长期居住下去。中国农村外出就业劳动力的主体始终处于一种流动状态，并未成为输入地稳定的移民，其中绝大多数仍将返回原输出地（白南生、宋宏远，2002）。李强（2003）通过对北京农民工的调查发现，有明确定居城市意愿者占25.5%。马九杰、孟凡友（2003）调查了深圳市农民工非持久性迁移意愿，发现有28.1%的务工者具有定居城市的意愿。吴兴陆、冯宪（2003）2003年对浙江省农民工流动意愿的调查的结果是有较强的定居城市的意愿的比例为36.8%。

我国农民工在城市务工出现长期居住的倾向，居住时间在不断地延长，并且有举家迁移的倾向（任远、邬民乐，

2006)。据 2012 年我国农民工调查监测报告中的数据计算，2012 年我国举家外出农民工约为 3 400 万人，比 2008 年增加了 18%。陈文哲、朱宇（2008）对福建流动人口的流动倾向作了对比研究，发现越来越多的流动人口出现打算在流入地或其他城镇定居而不是回乡的倾向。国家统计局 2006 年的调查数据显示，有 55.14% 的农民工设想未来在城市发展和定居（国家统计局课题组，2007）。2010 年全国性的调查显示，只有 15.6% 的农民工明确表示愿意回农村定居，农民工定居城镇趋势明显。

以上研究结果表明，农民工打算留在务工城市或打算未来在城市发展的人数越来越多。促进有城市定居意愿的农民工在合意的城市稳定就业、安居下来已成为国家城市化发展必须解决的问题。

（2）典型地区农民工定居意愿研究

根据 2012 年我国农民工调查监测报告，农民工就业的主要分布地区中东部、中部、西部地区的农民工分别占农民工总量的 64.7%、17.9%、17.1%。回顾近年典型地区农民工的定居意愿的研究，我们可以初步得出结论：即在中国东部沿海地区的务工者"留城"定居的意愿最弱，如在浙江省和江苏省两个城市的调查，其定居务工城市的比例仅为 16.32%（李珍珍、陈琳，2010），上海为 20%（陆康强，2010），广州为 21.7%（涂敏霞，2012），宁波约为 20%（杨聪敏，2012），北京为 38.2%（Fan，

2011）较其他地区略高一些，在中西部地区务工的农民工的"留城"意愿最高，如武汉达到50%以上（董延芳等，2011），东北地区的沈阳市为44.83%（戚迪明、张广胜，2011）。

可能的原因是打工地越发达，消费水平越高，定居城市的生活成本更高，从而阻碍了农民工留城定居（叶鹏飞，2011）。如图1-1所示，2013年东部沿海地区的上海、广东、浙江的城镇居民人均可支配收入远高于中西部的湖北、河南、四川、山西等省份，也远高于东北地区的辽宁。中西部及东北地区的农村居民人均纯收入较其对应的城镇居民人均可支配收入尚且存在较大差距，更何况是中西部等不发达地区的农村居民人均纯收入与发达地区的沿海省份的城市居民人均可支配收入之间的差距。

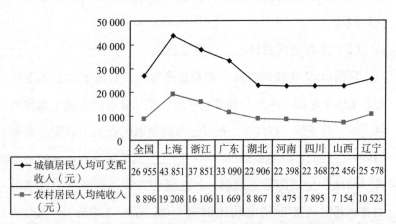

	全国	上海	浙江	广东	湖北	河南	四川	山西	辽宁
城镇居民人均可支配收入（元）	26 955	43 851	37 851	33 090	22 906	22 398	22 368	22 456	25 578
农村居民人均纯收入（元）	8 896	19 208	16 106	11 669	8 867	8 475	7 895	7 154	10 523

图1-1　2013年全国及典型地区部分省（区市）城乡居民收入对比

资料来源：全国及部分省（区市）2013年《国民经济与社会发展公报》。

还有就是由于受劳动密集型加工制造业用工年轻化的影响，农民工可能面临中年失业的现实状况，务工人员预期工作年限只能维持在 30 岁左右（章铮，2006），返乡是被迫或早就计划好了的。由此可以看出，跨省远距离务工的农民工，较少能在务工城市永久安居。对于这部分人群，他们的最终安居之所大多是家乡附近城市或农村老家。目前，中国农民工的省内迁移已逐渐成为迁移的主要流向，由此，农民工就近就业、就近定居已显趋势。

1.2.3 农民工城市定居意愿的代际差异

已有的研究已经证实新生代农民工较上一代有更强的城市定居意愿（如刘传江、程建林，2008；黄乾，2008；李强、龙文进，2009；董廷芳等，2011；张笑秋，2011；杨聪敏，2012）。李强，龙文进2007 年对北京农民工的调查表明，新生代农民工回乡的意愿明显低于老一代农民工，而"留城"意愿略高于老一代农民工，其回到县城的意愿也明显强于老一代农民工。

董廷芳等（2011）利用 2009 年武汉市农民工调查的数据，发现 1980 年之后出生的新生代农民工无论是留在务工城市（57.9%）还是回到老家的县城/小城市镇（28.9%），其比例都比 1980 年之前出生的第一代农民工要高。表明新生代农民工未来更倾向在城市安居乐业。

朱宇等（2012）通过 2009 年福建省流动人口的抽样调查发现，与第一代农民工相比，新生代流动人口更不愿意回乡定居，其流迁决策的不确定性更强。但同时发现新生代流动人口在当前流入地定居的意愿明显低于第一代流动人口，两类人群在流入地城镇定居的比例十分相近，且都未超过40%。即对于两代流动人口而言，无论在当前城市或未来的流入地城镇都未成为他们的主流选择。

而且以上三个研究中，李强、龙文进对北京农民工留城与返乡意愿的划分及董廷芳等对武汉农民工的考察，其对农民工未来去向的划分未能完全反映其当前的客观现实，如对于"留在城市"，是指留在务工城市还是泛指的城市概念？在朱宇等对福建省的调查中，"在外继续工作一段时间后选一城镇定居"单指是流入地的城镇吗？如果是这样，那除了留在迁入地城镇外，其他有城镇定居意愿的人打算去哪里呢？因此，有待在已有研究基础上对农民工或流动人口的流向或定居意愿进行更为细致的考察。

对于有更强城市定居意愿的新生代农民工来说，对于那些不打算留在务工（大）城市的、但也不打算回农村老家的人群，有必要考察他们的未来流向是怎样的。尤其是近年国家提倡放开中小城市户籍限制、省内迁移逐渐成为农民工流动主流的情况下，对农民工对中小城市定居意愿的考察更具现实意义。

1.2.4 农民工城市定居意愿影响因素研究

对于农民工迁移流向的异质性，相关研究已达成共识。那么哪些因素影响了农民工是留在务工城市或是回乡呢？现将此方面的文献进行梳理，概括如下：

（1）制度因素

我国的户籍制度、农地制度及以户籍制度为核心的城市用工制度、城市住房供给制度、社会保障制度、教育制度等对人口的城乡迁移起着阻碍作用（卢向虎，2005）。中国劳动力流动的前景如何，他们将来有没有机会在城市定居下来，取决于制度变革的未来趋势（蔡昉，2001）。李强（2003）指出，户籍是影响中国城乡流动和迁移的最为突出的制度障碍。但目前我国户籍制度的改革是渐进性的，诸如在北京推出的优秀农民工入户，广东、浙江等地推行的外来人口积分入户等改革，可以说并没有在根本上触及户籍制度的"社会屏蔽"作用，没有惠及绝大多数流动人口。

另外，制度性的约束在农民工的认知中有被弱化的趋势。叶鹏飞（2011）认为，农民工在没有足够的经济能力摆脱其低下的社会经济地位之前，户籍制度对他们自然便显得无关紧要了。该学者认为，在当前的社会情境下，制度性（户籍制度）的约束条件在农民工的认知中已经被弱化；市场性因素成为农民工市民化的首要障碍。即使没有户籍制度这一障碍，流动人口中的大部分还没有把在流入地定居作为其最终目标。流动人口的居留意愿与其在流入地的生存能力和家庭策略、市场需求波动和企业用工策略等一系列非户籍因素有着密切的关系（朱宇，2004）。

目前，土地对于多数农民工依然发挥着底线的保障功能。尤其对于回流农民工来说，土地成为他们生存和养老的重要物质依托（李强，2003）。在国家层面上，农民的土地权益不断在政策和法律上得到加强，从而增加了农民工的迁移自由。对城市的认同和对土地的态度与农民工的留城倾向具有很强的相关性（曾旭辉、秦伟，2003）。

（2）经济因素

从成本收益的角度来看，农民工的定居决策是在权衡个人工作收入及生活成本、家庭收入及家庭生活成本、迁出地和迁入地的未来发展等基础上进行的。较低的收入、较低地位的职业及工种、较差的居住社区环境，导致农民工的非持久性迁移倾向（马九杰、孟凡友，2003）。章铮（2006）研究发现，影响农民工家庭进城定居的主要因素是年收入、预期工作年限和购房支出，农民工中的技术工人的预期工作年限较长，具有进城定居的经济实力。家庭规模越大意味着开支越大，因此，人口少的家庭更倾向在城市定居（曾旭辉、秦伟，2003）。城乡收入差距是影响农民工永久性迁移的首要因素（马九杰、孟凡友，2003)；流出地的经济发展程度越低，农民工越倾向于定居城市 (罗列，2010)；打工地越发达，消费水平越高，定居城市的生活成本更高，农民工留城定居意愿越弱 (叶鹏飞，2011)。

(3) 人力资本因素

农民工最终的流动结果很大程度上受到个人人力资本状况的影响。关于农民工的人力资本具体可操作化为受教育程度、技能培训、进城时间、工作经验等几个指标 (赵延东、王奋宇，2002)。具有人力资本优势的人群直接表现为能够获得稳定的职业、较高的收入、以及取得相对较高的社会经济地位。人力资本水平越高，越有可能在城市寻找发展机会，越容易对城市工作和生活产生适应和认同 (蔡禾、王进，2007)。

一般说来，拥有较高教育水平的务工者倾向留在务工城市和更易于融入务工城市生活 (李强，2003；李珍珍、陈琳，2010；任远、乔楠，2010；Fan，2011；罗遐，2012)。因为文化程度的高低在一定程度上决定了农民工就业渠道的选择、就业领域的层次以及所获职位的高低，进而导致在留城定居能力上的差异。但总的来说，农民工的文化水平还较低，能否经历或获得技能培训，对于增强农民工就业能力，显得更加重要。不断地通过技能培训来提高在城市的生存本领，是农民工能否在城市长久生活的保障。除了文化程度、技能外，在城市生活的时间长短也影响着农民工未来的定居选择。在城市生活时间上，城市生活时间越长，越倾向于留城定居（李强，2001；王毅杰，2005）。随着在城市生活时间的增加，农民工的人力资本和社会资本存量增加，越来越适应城市生活。与农村的交集变小，这在一定程度上会把农民工"拉向"城市（任远，2006）。

也有学者认为，由于农民工人力资本水平普遍较低，是一个同质性非常强的群体，他们大多在低端的"二级劳动力市场"挣扎，人力资本对其定居行为并没有明显影响（姚俊，2009；叶鹏飞，2011）。

（4）社会网络及社会心理因素

王春光（2000）研究发现，在外的温州人依赖族人和同辈建立起自己的社会网络，不仅是外来人口传递流动信息的媒介，而且也是他们流动得以实现的重要机制，成为其生存和发展的社会资本。社会网络连续谱的两端的"情感性关系""工具性关系"，显著影响着流动农民工的留城定居意愿（王毅杰，2005）。新移民的社会网络不仅直接导致了"移民链"的形成，更重要的是它为劳动力新移民提供了一种安全、稳定和低成本的流动方式，它不仅在很大程度上引导了劳动力新移民的流向和途径，而且也为劳动力新移民的进一步定居提供了条件（文军，2005）。

蔡禾、王进（2007）发现农民工对城市生活方式的认同程度越高，向城市迁移的意愿就越强烈。郭星华（2005）发现新生代农民工与城市居民的文化距离、交往距离在不断扩大，相互之间缺乏必要的社会认同感。更多的农民工选择在圈内与其他农民工交往，闭塞的交往空间导致了"自愿性隔离"的单一化交流，相应的生活区域呈现出"孤岛化"特征。而农村浓厚的乡土人情、熟悉的生活方式对其产生一股巨大的情感性拉力。这种城乡之间推拉的博弈不断使农民工产生心理上的焦虑感，他们困惑于是对城市"积极融入"还是"逃离"，从而导致"认同的内卷化""边缘化""隔离性融合"的产生（王春光，2006；2011；李强，2011）。

此外，西方研究者认为，从迁移的年龄规律上看，20～30岁年龄段的人流动性最强。这种年龄上的选择性，提高了迁入地的人口自然增长率。且发现移民的第二、第三代会逐渐被归化地区的生育习惯所同化。在性别上，男性较女性更倾向于做出迁移选择，但随着女性在社会经济生活地位的提升，这种差别日益变得不明显。从教育对迁移选择的影响看，D. 托马斯（1938）和 M. P. 托达罗（1985）都认为更好的教育能增加向城市迁移的机会或是获得更高的收入及更好的工作机会。我国的众多学者也发现性别、年龄、婚姻等因素会影响农民工的未来定居地的选择。

1.2.5 对已有文献的评述

综上所述，本书对已有文献从不同时点、不同地域农民工

17

定居意愿的变化和差异、新老两代农民工未来定居去向差异及对出现的农民工多元未来流向的差异进行了整理和分析，并对影响农民工定居意愿的影响因素从制度因素、经济因素、个体人力资本因素及社会网络及社会心理因素几个方面进行了梳理。我们看到，已有研究对农民工迁移决策进行了深入的理论解释和多层面的实证检验，取得了一定成效，得出的结论和相关建议反映了他们对这一问题的传递性思考，多角度、多地域地反映了中国农民工乡—城迁移问题的方方面面。从研究主题来看，多集中于制度因素对农民工在打工城市市民化的阻滞作用，强调户籍制度及相关制度因素的改革对农民工市民化的作用。从主体因素看，多强调个人资本与社会资本等对其市民化的影响。但对农民工流动结果的研究多集中于留城（多指打工城市）或返乡，对于农民工倾向留在什么样的城市的研究较少，对于新生代农民工定居城市选择的研究亦少见，此方面问题的研究还有待进一步提升。

由此，在尊重并借鉴以往研究的基础上引发的进一步思考是：首先，从研究对象上看，以往研究多囿于对农民工群体"半城市化"及农民工在打工城市市民化窘境的关注。而现实的问题是，中国的农民工并不完全是以在务工城市实现城市化为目的的，即便是市民化意愿很高的新生代农民工。中国的城市化及市民化进程更应关注有市民化意愿的部分人群。另外，在政府制度供给的渐进式模式和既定的外部条件下，我们更应尊重微观主体的"自选择",从而进行相关政策的完善。其次,从研究地域的选择上看,已有的研究成果大多局限于某个城市或多个同级城市的研究。目前,大中城市依旧是农民工的主要打工地,但随着国家城镇化战略的转移及产业转移的推进,中小城市具有城镇化产业发展成本和城镇生活成本优势(张林山,2006)有望成为他们的安居乐业之地,而目前较少有以不同城市类型的数据来分析新生代农民工定居城市的选择问题。无论从社会及经济发展需要角度,还是从新生代农民工自身发展角度来说,研究新生代农民工定居城市都具有现实及长远的意义。研究在不同规模城市中新生代农民工未来定居意愿的差异,进而尊重他们的选择,并进行相应的政策调整,对于促进中国的城市化进程、提高城市化质量意义深远。

1.3 研究目标与研究内容

1.3.1 研究目标

本书应用省、市、县不同类型城市的调研数据,从个体特征视角考察新生代农民工的城市定居流向,揭示其影响因素的差异,进而为促进新生代农民工定居城市提出有针对性的政策建议。拟从三个方面展开：

一是，统计分析新生代农民工城市定居意愿趋势及差异；

二是，通过回归模型揭示出新生代农民工不同城市定居选择影响因素的差异；

三是，为促进新生代农民工在合宜的城市"安居乐业"，提出有针对性的政策建议。

1.3.2　研究内容

围绕所提出的研究目标，研究将从以下几个方面来展开：

（1）新生代农民工未来定居意愿趋势及差异分析

从新生代农民工的总体定居去向、中小城市的定居倾向及属地就近定居倾向三个方面进行统计分析。

从人口学特征（性别、年龄、文化程度、婚姻状态）、家庭经济特征（家庭年收入、老家房产价值）、在务工城市工作及生活特征（职业类型、务工住所、是否与家人在同一城市、与当地人相处状况、在务工城市工作年限）、务工地及来源地特征（务工城市类型、来源地与务工城市距离）四个方面应用交互分析方法，考察其未来定居意愿的差异。

（2）新生代农民工定居城市选择的影响因素分析

首先应用 mlogit 模型回归分析了新生代农民工城市定居意愿影响因素。为着重考察新生代农民工对家乡中小城市的定居意愿，将定居去向共分为七类：留城，回家乡大城市，回家乡中小城市，回家乡镇，去其他城市，回农村老家及不确定。在影响因素的选择上，从人口学特征、家庭经济特征、在务工城市的工作、生活特征、务工城市及来源地特征四个方面进行考察。以三种主要定居意愿的两两发生比的形式，解释分析不同个体因素对新生代农民工未来的三种主要定居意愿的影响，并总结出三种主要定居去向亚群体的特征。

其次考察不同类型城市样本新生代农民工定居意愿影响因素的差异。从人口学特征、家庭经济状况、职业类型及来源地四个方面着重考察对定居购房的支付能力、未来城市生存能力及来源地与务工城市的经济、文化差异对新生代农民工城市定居选择的影响。主要分析三种主要的城市定居意愿（"留城""回家乡地级市""回家乡县（级市）"）相对于"回农村老家"的发生比。在对回归结果进行解释的基础上，总结分析出不同类型城市新生代农民工城市定居意愿的共性及差异。

（3）新生代农民工定居城市的对策研究

主要从住房、就业及大、中小城市定居政策差异三个方面对促进新生代农民工定居城市的政策进行探讨。住房政策方面，主要是针对通过农村土地权益资本化及让新生代农民工享受城市保障性住房两种渠道对促进其定居城市的住房政策进行探讨。促进新生代农民工定居城市的就业政策方面，主要从新生代农民工就业能力的提升、城市就业机会的创造及政府、用人单位等相关方面对新生代农民工劳动权益保护等方面的政策进行探讨。最后，对大城市及中小城市吸纳新生代农民工定居政策的倾向性进行探讨。

1.4 研究方法、数据来源与分析框架

1.4.1 研究方法

（1）文献分析法

在前人研究的基础上承前启后，是做研究的一般性特征。因此，在本书研究进行的整个过程中，都在对相关文献进行反复阅读、并对其进行了鉴别、整理和对比，在厘清相关研究发展脉络的基础上，逐渐形成和明确了本书的研究思路和方法及后续研究结果的对比分析。

（2）问卷调查分析法

本书的研究对象是新生代农民工的未来定居去向和影响因素，问卷中题目的设计较多地考虑了问题的科学性、针对性，如设计中的题目是不是新生代农民工所关心的？怎样提问才能获得良好的沟通进而获取到真实有效的信息？本书调研采取的并非是简单的"发—收"式问卷调查，而是一

对一的访谈式问卷调查，一定程度上保证了获取的信息更真实有效。

（3）统计分析法

本书运用 Excel 和 Stata 11.2 统计工具，采用描述性统计的方法对不同类型城市样本特征进行了比较分析，对不同个体特征亚群体的未来定居意愿进行了交互统计分析，较详细地考察了所得数据的相关特征。

（4）计量模型分析方法

本书两次运用 mlogit 模型分析了新生代农民工城市定居意愿的影响因素，第一次是选用以"留城""回农村老家"为基准的发生比，重点考察新生代农民工对家乡中小城市的定居意愿；第二次是考察不同类型务工城市新生代农民工城市定居意愿影响因素的差异，考察新生代农民工的"留城""回家乡地级市""回家乡县级市"几种主要的城市定居去向相对于"回农村老家"的发生比。

1.4.2　数据来源

本书所用数据是于 2012 年 7~8 月间在辽宁省①不同类型

---

① 东北是全国四大经济板块（东部、中部、西部、东北）之一，且辽宁是东北三省经济和社会发展最发达的省份。选择辽宁作为调研地点是考虑到其既不是人口输入大省又不是人口输出大省的特点，且对该省的熟悉会在很大程度上方便我们的调研工作。

的 5 个城市的问卷访谈所得。由于要重点考察大、中小城市①的务工者对中小城市的定居意愿，参考辽宁省城市各产业发展对外来务工人员的吸纳情况②，采用分层抽样的方法，拟在省会城市调查 300 份，地级市 240 份，县级城市 120 份。在每个城市内，按照新生代农民工可能的行业分布，参考试调研的结果，确定各行业的样本比例，加工制造、建筑、服务行业各占样本的 30%、30%、40%。在每个行业内，采用随机抽样的方法获得样本。具体访谈对象主要通过两种渠道获得：一种是借助于所选城市中农民工管理部门官员或所选城市中的调研员的好朋友们的热情相助，在他们的帮助下，调研的地点得以确定，然后调研组长及一位调研员去与所推荐的调研地点的人事部门的负责人取得联系。他们按照我们的样本要求在本单位内确定可能的调研对象。另一种是调研员们在城市街道的店铺、劳务市场、零工市场、建筑工地等进行随机寻找，在征得他们同意且不影响其工作的前提下，进行一对一问卷访谈。在调研过程中，9

---

① 本书研究中的大、中小是人们现实中所指的一个模糊的概念，并不是按城市常住人口划分的，对应指省会城市、地级市及县（级市）。依据中国中小城市科学发展评价体系研究课题组的划分标准，市区常住人口 50 万人以下的为小城市，50 万～100 万人的为中等城市，100 万人以上的为大城市。

② 由于全国不同省份经济、产业发展存在差异，目前辽宁省尚未有全省范围的针对新生代农民工的调查，因此我们确定其所从事行业的比例只能参考现有的一份 2008 年对全省范围农民工调研的行业分布结果及本次调研的试调研结果。主要为民营、个体，及较少国有性质的加工、制造、建筑业、低端服务业等。

位调研员被灵活地分成多个小组去往不同的调研地点或应对不同的情况。

由于调研中的随机因素和获得调研对象的不确定性，实际获得有效问卷 652 份：省会城市沈阳 310 份，地级市锦州和鞍山共 219 份，县级市北镇及台安县共 123 份，基本符合样本数量和行业比例的预期。

本次访谈对象为 1980 年后出生，在农村出生长大，未受过高等教育①（高中、中专及以下）的有外出务工经历者。问卷考察的主要问题包括：您打算将来在哪（购房）安家，并长久地工作、生活？可能的选择是：a. 留城；b. 回家乡所在省会城市；c. 回家乡所在地级市；d. 回家乡所在县城；e. 回家乡所在镇；f. 去其他城市（注明）；g. 回农村老家；h. 不确定。之后根据被访者的回答，在以下问题中作选择性的提问：您为何留在打工城市定居？您为何不留在打工城市定居？为何选择回家乡所在地级市、县级市、县、镇定居？为何回农村老家定居？针对这些问题问卷中都预先设计了可能的备选答案及一个"其他（请注明）"选项。最后所有被访者都要被问到的问题是：您选择在哪里定居，最看重的因素是什么？

①　已有关于农民工的调查大都涵盖受过高等教育的群体，但考虑此部分人群的成长及教育经历、社会生活与我们现实生活中所说的"农民工"差异甚大，因此未纳入调研范围。

在调研中，虽然在与可能的调研单位、调研城市相关官员、推荐的调研单位接洽人员、适合的被调研人员等打交道的过程中，随时都可能面临遭到拒绝或是不确定的情况，但调研员们一直在相互鼓励，发挥各自的聪明才智及团结协作精神使调研得以推进。令人欣慰的是，由于调研员与被访者同为青年人，因此，只要是务工人员同意接受我们的访谈，接下来的交流多会十分融洽。当他们得知我们是利用假期在做社会调查的在校研究生，大多表示出羡慕、理解和支持，乐于与我们交流，并帮我们介绍可能的调研对象。因此在1个小时左右的访谈中，交流所得的信息真实度很高。在最后的数据核查阶段，当我们按照当时访谈时的联系方式再次联系他们时，他们有些还能说出某个调研员的名字。虽然调研过程有些艰苦，但是对我们这9位学生调研员来说，却是一次极具价值的了解国情的机会。

尽管调研的样本量较小并且三个类型城市的样本比例及男女样本比例可能存在较小的偏差，但考虑此次调研的资金和调研人员有限、调研对象的可得性、调研时间的紧迫性等因素，并且此次调研结果基本上与全国范围内对新生代农民工的整体特征一致，一对一的问卷访谈使得预期要考察的信息的真实性弥足珍贵。

1.4.3 分析框架

分析框架如图 1-2 所示。

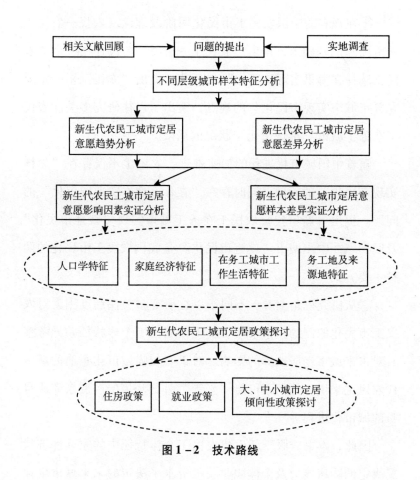

图 1-2 技术路线

1.5 创 新 之 处

本书研究可能的创新之处：

①在现有的中国农民工市民化两阶段理论（农民—农民工—市民）的基础上，提出"农民工—市民"阶段存在一个"农民工选择在哪里实现市民化"的环节。提出"农民工不一定要在务工城市实现市民化"的观点，跳出了以往研究多关注农民工在务工城市"半城市化"状况的局限。

随着中国城市化进程的加速推进，农民工不仅存在"怎样实现市民化"的问题，同时存在"在什么地方实现城市化"的问题。提出（新生代）农民工在务工城市实现"就地市民化"及回到家乡中小城市"就近市民化"是我国农民工市民化的两种主要方式。

②从研究视角上看，不同于以往研究多关注制度因素对农民工市民化的制约，本书基于新生代农民工个体特征差异考察其对未来城市定居选择的影响。对于有较强城市化意愿的新生代农民工来说，他们不可能"坐等"外部环境的改变来完成自身的城市化进程。

因此，本书着眼于新生代农民工个体特征中的家庭经济状况决定的购房能力及个体职业及工资水平决定的未来城市生存能力对其在城市"安居乐业"的影响。另从新生代农民工打工地及来源地的不同，考察其中小城市定居及属地就近定居的倾向。

③从调研数据的获得上看，应用省、市、县不同类型城市的问卷访谈数据，能够较全面地反映新生代农民工未来城市化流向的全貌。而且数据获得采取一对一问卷访谈的形式，较"发—收"式调查更为可靠。

第 2 章

新生代农民工城市定居问题
相关概念及理论基础

2.1 新生代农民工城市定居意愿相关概念的界定

2.1.1 农民工

依照国家统计局发布的《2013 年全国农民工监测调查报告》农民工分外出农民工和本地农民工。外出农民工：指调查年度内，在本乡镇地域以外从业 6 个月及以上的农村劳动力。本地农民工：指调查年度内，在本乡镇内从事非农活动（包括本地非农务工和非农自营活动）6 个月及以上的农村劳动力。2013 年全国农民工总量达到 26 894 万人（如图 2–1 所示），其中外出农民工 16 610 万人，占 61.76%；本地农民工 10 284 万人，占 38.24%。

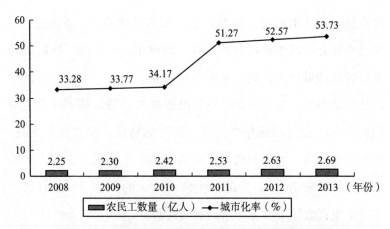

图 2 - 1　我国 2008 ~ 2013 年农民工数量及城市化率

资料来源：2008 ~ 2013 年中华人民共和国《国民经济与社会发展统计公报》及《2013 年我国农民工调查监测报告》。

有学者指出，我国农民工中至少应该有 2 亿左右被"伪城镇化"了。因为虽然数以亿计的农民工被统计为城镇化人口，但按全户籍人口算，我国大概只有 36% 左右的城镇化水平（蔡继明，2013）。农民工群体基本上不能享受与本地城市居民同样的就业、住房、医疗、子女教育、社会保障等方面的基本公共服务，因此引发各界对农民工问题的关注。

2.1.2　新生代农民工

新生代农民工，主要是指"80 后""90 后"农民工。新生代农民工占外出农民工的近六成，成为外出务工人员的主体，在经济社会发展中日益发挥主力军的作用。一方面，他们上完学以后就进城打工，相对来讲，对农业、农村、土地、农民等不是那么熟悉。另一方面，他们渴望进入、融入城市社会。他们较第一代农民工具有"三高一低"的特征：受教育程度高，职业期望值高，物质和精神享受要求高，工作耐受力低。2010年国家统计局对 10 省份的新生代农民工的调查表明，有近一半的新生代农民工有在城市定居的打算。

本书中的新生代农民工是指生于 20 世纪 80 年代或 90 年代后，具有高中（包括中专、技校）及高中以下学历①，基本上不具有务农经验而具有在城市打工经历的青年农民工，且包含了外出农民工和本地农民工在内。

2.1.3 城市定居意愿概念的界定

本书中所指的"城市定居意愿"不是感性上的"愿不愿意"在哪个城市定居，而是新生代农民工一种长久的对未来在城市（镇）工作、生活的打算，包括了"留城"（指打算在目前务工城市定居）、回家乡附近城市（家乡省会城市、家乡县

---

① 已有关于农民工的调查大都涵盖受过高等教育的群体，但考虑到此部分人群的成长及教育经历、社会生活与我们现实生活中所说的"农民工"差异甚大，因此未纳入调研范围。

级城市、家乡镇)、去其他城市在内的多元选择。设计的问题为：您打算将来在哪安家、并长久地工作、生活？

本书意在考察新生代农民工的"留城"意愿及未有"留城"打算但有城市定居意愿者是否倾向回家乡中小城市定居。

2.2　新生代农民工定居相关理论基础

2.2.1　成本收益理论

回顾舒尔茨的人力资本理论，其中的一个基本点是把迁移看作是一种能够带来某种收益的投资或成本，这种投资或成本包括迁移过程中的动迁费用、失业造成的损失、体力脑力支出、由于与亲友分离和对新居住地感到生疏等感情上的支出、放弃现有的一切等。收益指迁移者因预期迁移在更佳机会中所得到的更多的收入，包括迁移后收入的增加、家庭关系及社会环境的改善、个人心理上的满足以及各项收益的获得。迁移者必须在决定迁移之前考虑上述诸项，只有在收入大于成本时才会做出迁移的决定，所以迁移行为的发生是个人进行理性选择的结果。

借鉴该理论，有城市定居意愿的新生代农民工在不同的城市间做出选择，是选择留在打工城市还是回到家乡的某个城市或是其他城市，最终的优选一定是经过了多次两两比较后的净收益最大的选择。

2.2.2　新迁移经济学

以斯塔克和布卢姆为代表的新经济迁移理论强调家庭作为决策主体的重要性，根据家庭预期收入最大化和风险最小化的原则，决定家庭成员的外出或迁移。迁移不仅是为了获得预期收入，同时也是为使家庭收入的风险最小，因此区域间收入差异不是人口迁移的必要条件。另外家庭也面临资金约束和制度供给的短缺所形成的"经济约束"，因此家庭会决定部分成员外出，以获得必要的资金和技术。在新迁移经济学中，"风险转移"和"经济约束"这两个核心概念相当程度上解释了中国劳动力的流而不迁的做法。

新迁移经济学中的"相对剥夺"概念认为家庭在做迁移决策时即使自家的收入水平有很大提高，但只要提高的程度不及参照人群，则仍然会产生相对剥夺的感觉，仍然会决定迁移。这也可以用来解释新生代农民工为何热衷"进城""上楼"，即虽然新生代农民工较农村未外出青年和其他农村居民可能会有更高的收入和更开阔的眼界，在农村社会中"自我感觉良好"；但如果他们以城市青年为参照人群，则"相对剥夺"的感觉就可能促使他们产生要彻底离开农村，定居城市，从而成为真正的"城里人"的强烈意愿。

2.2.3 "推—拉"理论

李（Lee，1966）的"推—拉"理论将影响迁移决策的因素分为两类：推力和拉力。前者是促使迁移者离开原居住地的负向因素，后者是吸引迁移者流向某特定目的地的正向因素，迁移行为是这两种因素共同作用的结果。虽然"推—拉"理论的推力和拉力都是比较模糊的概念，但其对迁移现象还是起到了一般性表象解释的作用。如解释农民工为何从家乡到城市务工，可解释为是受到了城市的"拉力"（如较高的收入水平、文明现代的生活方式等）和农村的"推力"（如人多地少、农业收益比较低、就业机会有限、文化娱乐业不发展等）。

客观来看，新生代农民工所面临选择的每一个定居地点，都有着各自的"推力"和"拉力"。在本书中，新生代农民工是选择在留在目前的务工城市还是回到家乡中小城市或是农村老家，可以解释为是两种或多种选择间的"推力"和"拉力"的相互作用，最后某一方的"合力"更强一些，可能就决定了他们的最终定居去向。

2.2.4 中国乡—城迁移的两阶段理论及改进

蔡昉等（2001）指出，中国农村劳动力要实现在城市定居的目标需要通过两个过程：第一个过程是劳动力从农村转移出来，在城市寻找到适合自己的工作机会；第二个过程是迁移劳动力中的成功者在"乐业"之后寻求"安居"，在迁入地居住下来。刘传江（2008）也认为城乡人口迁移呈现出特殊的"中国路径"：人口城市化的过程被分割成由农民到农民工，从城市农民工再到产业工人和市民的职业和身份变化的两个过程。

王桂新（2006）根据社会融合理论将包括农民工在内的外来人口的城市化分为三个阶段：①集中化阶段（初期阶段），即外来人口在形式上完成由农村趋向城市、由分散趋向集中的空间转移，也称形式（或空间）城市化阶段；②常住化阶段，即外来人口由迁入城市初期的无城市户籍、无固定居所、无稳定职业的不稳定性状态，逐步发展为一部分人稳定下来，其工作和居所相对稳定，但在就业、医疗、社保等方面与城市居民之间仍存在本质性的差异的阶段；③市民化阶段，常住化的外来人口逐步获得务工城市户籍，并与城市居民同样享有该城市的就业、医疗、社会保障等基本公共服务，真正质变为"市民"。

结合以上几种观点，本书认为在中国的乡—城迁移的第二个阶段"农民工—市民"阶段，存在一个"农民工选择到哪里实现市民化"的问题。即在这个阶段不只是迁移者在迁入地如何实现市民化的问题，有城市定居意愿的农民工可能在务工城市就地定居，也可能到其他城市定居，尤其可能去家乡中小城市"安居乐业"，实现属地就近定居。务工地就地定居及属地就近定居将是我国农民工实现市民化的两种最主要的方式（如图 2 - 2 所示）。

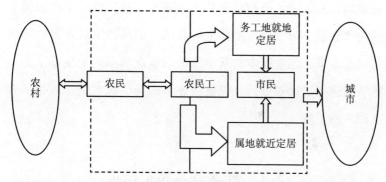

图 2 - 2　中国乡—城迁移二阶段理论基础上的"农民工定居城市"过程

资料来源：周密. 新生代农民工市民化程度的测试及其影响因素——基于人力资本与社会资本耦合的视角［D］. 沈阳：沈阳农业大学博士学位论文. 2011.

本书所关注的就是上述王桂新学者所提到的农民工城市化的"常住化阶段"，即在不强调户籍约束条件下，农民工打算在哪里实现这个"常住化阶段"，进而进入到下一个阶段"市民化阶段"。

第 3 章

样本特征比较分析

本书所用数据来自辽宁省的省会城市沈阳市、地级市锦州和鞍山、县级市北镇和台安县 5 个城市（县）的新生代农民工的访谈数据。为细致考察新生代农民工的城市定居意愿趋势和差异，本章首先对样本的基本特征的概况和不同类型城市的样本数据进行了比较分析，以便对务工的新生代农民工的特征有更深入的了解。

3.1　样本基本特征概况

在 652 份样本中，男性占 70.40%[①]；平均年龄近 24 岁；高中及技校文化程度占 27.76%，初中占 65.64%，小学及以下占 6.60%；已婚占 34.36%，未婚占 62.89%，离婚占

[①]　国家统计局发布的《2012 年全国农民工监测调查报告》中，男性农民工占 66.4%；辽宁省委所做的农民工调查的《辽宁农民工问题调查研究报告》中男性比例为 68.8%，男性比例较高可能是辽宁省农民工的特点之一。

2.75%；月平均工资为2 654元，其中50%月收入在2 200元以下；3 000元以上占25%。体力型务工者占42.02%，技术型占51.38%，智力型[①]占6.60%；租房者占26.23%，住宿舍占42.18%，自购房占13.50%；其中务工者75.46%来自省内，吉林及黑龙江两省占9.05%，非东北省份占15.49%。以下将省、市、县不同类型务工城市的样本特征作对比分析，以期丰富对新生代农民工个体特征差异的认识。

3.2 人口学特征比较分析

统计分析发现，不同类型城市务工群体在人口学特征上存在差异，在省会城市打工的新生代农民工，男性占绝大多数、文化程度较高、年富力强；在县级城市的打工群体中女性占主体、文化程度较低、年龄偏小。地级市的特征居于两者之间。以下将对不同类型务工城市新生代农民工的性别、年龄、文化程度及婚姻特征进行分别描述。

（1）性别

从性别上看，我们会发现一个有趣的现象：男性新生代农民

---

① 参考黄江泉（2011）将农民工分为智能型、技术型和体力型三种类型。本书在此基础上作了修正，将智能型改为智力型。在本书中，智力型务工者指从事包工头、公司管理人员、固定店铺小业主等务工人员，技术型指从事厨师、理发、加工、制造及建筑等行业的务工者，体力型指从事力工、零工、服务员等工作的务工者。

工钟情大中城市，女性新生代农民工偏爱中小城市（见表
3－1）。统计后发现，不同类型务工城市样本在性别比例上差异
较大，省会城市的男性样本达到83.23%，地级市为68.49%，
男性比例均占绝对多数，而在县级城市男性样本则只占
41.46%。在省会城市务工的男性新生代农民工是在县（级市）
务工的约2倍，在中小城市务工的女性新生代农民工是在省会城
市的约1.88倍和3.49倍。

表 3－1   新生代农民工性别分布

城市（县）	男		女	
	频数	频率（%）	频数	频率（%）
省会城市	258	83.23	52	16.77
地级市	150	68.49	69	31.51
县（级市）	51	41.46	72	58.54
总体	459	70.40	193	29.60

资料来源：本书研究调研数据整理。

　　这一定程度上表明，在新生代务工群体中，男性青年多有
到更大的城市闯荡、见世面的想法，因县城受经济发展程度等
制约，就业及发展机会有限，不太符合他们想要通过打工锻炼
自己的目的。在县（级市）中，女性样本占到了58.54%，女

性新生代农民工，尤其是未婚者，多是出于待嫁前的短时间的"接触社会、锻炼一下"的考虑，或是受其他伙伴影响而从附近的农村到县城"玩儿几年"。

（2）年龄

不同类型务工城市新生代农民工的年龄特征是务工城市类型越高、其务工者的平均年龄越大（见表3－2）。调研发现，省、市、县务工城市新生代农民工平均年龄依次为24.37岁、23.44岁和22.85岁。

表3－2　　　不同类型城市新生代农民工年龄分布

城市（县）	样本量	平均年龄（岁）	标准差
省会城市	310	24.37	4.61
地级市	219	23.44	4.78
县（级市）	123	22.85	4.87
合计	652	23.77	4.75

资料来源：本书研究调研数据整理。

这可能与新生代务工群体中不同年龄者所拥有的务工技能有关，在分析有关新生代农民工职业特征时会发现，大城市中的技术型务工人群所占比例明显高于在地、县城市的务工者，即大城市的务工者多"年富""力强"。另外，年龄稍大些的新生代农民工也大多有更多的务工经历，有意愿和能力到更广阔的空间寻找工作机会。

（3）文化程度

由表3-3可知，不同类型城市新生代农民工在文化程度上的特征为：务工城市类型越高，务工者文化程度越高。省会城市、地级市、县（级市）的新生代农民工的受教育年限依次为9.71年、9.17年和8.98年，且地、县两级城市新生代农民工的受教育年限均值低于样本均值。

表3-3 不同类型城市新生代农民工受教育年限分布

城市（县）	样本量	均值	标准差	最小值	最大值
省会城市	310	9.71	2.08	3	15
地级市	219	9.17	1.83	1	15
县（级市）	123	8.98	1.55	1	12
总体	652	9.39	1.93	1	15

资料来源：本书研究调研数据整理。

文化程度与不同类型城市体现出双向选择性：大城市更多吸纳具有较高文化程度的务工人群，而具有较高受教育水平的新生代农民工也更倾向选择到大城市务工。如图3-1所示，在省会城市务工的新生代农民工中高中及技校文化程度

的比例（37.42%）远高于地、县两级城市（21.92%和
13.82%）。

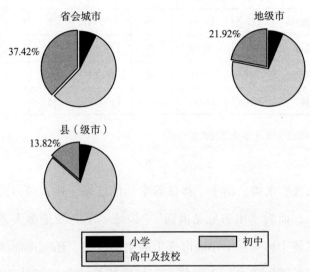

图3－1　不同类型城市新生代农民工受教育程度对比

资料来源：本书研究调研数据整理。

（4）婚姻

从新生代农民工的婚姻状况看，各类型打工城市中，新生
代农民工均是未婚占主体，且在中小城市务工的未婚比例要高
于在大城市的打工者（见表3－4）。

表 3 – 4　　　　不同类型城市新生代农民工婚姻状况

城市（县）	已婚		未婚		离婚	
	频数	频率（%）	频数	频率（%）	频数	频率（%）
省会城市	122	39.35	179	57.74	9	2.90
地级市	63	28.77	151	68.95	5	2.28
县（级市）	39	31.71	82	66.67	2	1.63
总体	224	34.36	412	63.19	16	2.45

资料来源：本书研究调研数据整理。

从现实来讲，出于"挣钱养家"的已婚个体多倾向到大城市务工，而为"出来见见世面""锻炼一下"及受他人务工影响的未婚个体则在中小城市务工的比例较大。还有可能的原因是未婚的新生代农民工可能拥有的熟练技术和管理经验较少，他们更可能在中小城市找到工作。

3.3　家庭经济特征比较分析

（1）家庭年收入

样本统计显示，在县（级市）务工的新生代农民工的家庭年收入无论在总收入还是在高收入家庭占比方面都低于在大中城市的务工者。

不同类型城市的新生代农民工 2011 年家庭年收入均值分别为 7.84 万元、8.42 万元及 6.88 万元，县级城市家庭年收入明显低于大中城市。从收入段的分类占比来看，家庭年收入在 5 万~10 万元之间的占主流，且在最高收入段"10 万元以上"显示出在大中城市务工的新生代农民工在此段上的比例高于在县级城市的务工者（见表 3-5）。

表 3-5　　　　　　　新生代农民工家庭年收入状况

城市（县）	5 万元以下		5 万~10 万元		10 万元以上	
	频数	频率（%）	频数	频率（%）	频数	频率（%）
省会城市	94	30.32	149	48.06	67	21.61
地级市	61	27.85	113	51.60	45	20.55
县（级市）	38	30.89	65	52.85	20	16.26
总体	193	29.60	327	50.15	132	20.25

资料来源：本书研究调研数据整理。

（2）老家房产价值

同家庭年收入一样，在不同类型城市务工的新生代农民工老家房产价值差异，也体现在县级务工城市上。在县级城市务工者老家房产价值均值（9.97 万元）远低于省会城市、地级市的务工者（12.47 万元，12.10 万元）。另外在老家房产价值

45

的"20 万元以上"类别中，县（级市）所占比例也远低于大中城市（见表 3－6），一定程度上表明到大中城市务工的新生代农民工家庭经济条件要优越一些。

表 3－6 新生代农民工老家房产价值情况

城市（县）	无		3 万元以下		3 万~10 万元		10 万~20 万元		20 万元以上	
	频数	频率（%）	频数	频率（%）	频数	频率（%）	频数	频率（%）	频数	频率（%）
省会城市	20	6.45	64	20.65	158	50.97	51	16.45	17	5.48
地级市	28	12.79	39	17.81	100	45.66	43	19.63	9	4.11
县（级市）	12	9.76	21	17.07	63	51.22	23	18.70	4	3.25
总体	60	9.20	124	19.02	321	49.23	117	17.94	30	4.60

资料来源：本书研究调研数据整理。

值得注意的是，在老家已无房产价值的类型中，地、县两级城市的比例要高于省会城市的比例。老家已无房产价值的新生代农民工意味着其选择"留城"的比例最高（他们大多已将农村的房产变卖，最可能"留城"，本书统计显示比例达到 86.67%），因此一定程度上表明在地、县两级城市务工的新生代农民工"留城"的比例要高于在省会城市务工的新生代农民工。

3.4　在务工城市工作、生活特征比较分析

在务工城市的工作、生活特征方面，总的来看，在省会城市打工的新生代农民工多有"一技之长"、工资最高、自购房比例低、在打工城市平均工作年限最长；在县级城市中体力型务工者占主体、工资最低、自购房比例高、与当地人相处融洽度高、在务工城市平均工作年限较短；地级市的特征居于二者之间。

以下将对不同类型城市新生代农民工的职业特征及工资水平、在务工城市居所特征、在务工城市家庭生活状况、在务工城市工作年限及与当地人相处状况五个方面分别进行描述。

（1）职业特征及工资水平

统计显示，在省会城市务工的新生代农民工从事技术型工作占主体地位，其比例远高于在地、县两级城市（如图 3 - 2 所示），在省会城市务工的新生代农民工从事技术型职业的比例为 60.32%，占到其务工者的多数；而在地、县两级城市务工的新生代农民工则是体力型职业占主体。

一方面表明大城市产业发展对技能型劳动力的需求，另一方面也表明大城市的高工资也在吸引有"一技之长"的新生代

农民工来此务工。而地、县两级城市对务工者从事职业的技术性要求不高。

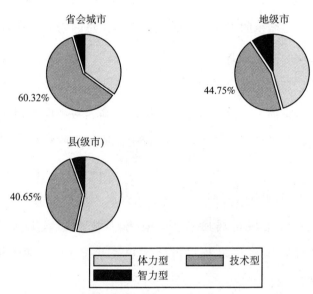

图 3-2 不同类型城市新生代农民工职业类型对比

资料来源：本书研究调研数据整理。

从工资水平来看，在省、市、县不同类型城市务工的新生代农民工月平均工资分别为 2 979 元、2 695 元和 1 765 元，[①]其中省会城市的月平均工资高于样本平均工资（2 654 元）、地

_____

① 《2012 年全国农民工监测调查报告》显示，在省会城市务工的农民工月收入水平 2 277 元，在地级市和县级市务工的农民工月收入水平分别为 2 240 元和 2 204 元。

级市与样本工资接近，而县级市的月平均工资显著低于样本工资。如图3-3所示，省会城市及地级市的月平均工资分布差异较大，高工资的特异值也常出现在这两级城市务工的个体中。

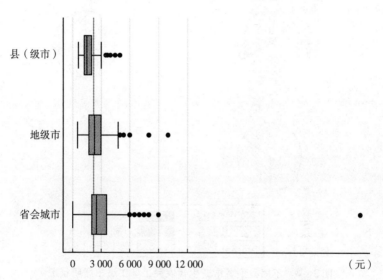

图3-3 不同类型城市新生代农民工月工资水平箱线图

资料来源：本书研究调研数据整理。

（2）居所特征

如图3-4所示，从在打工城市的居住状况看，在大城市打工的新生代农民工住宿舍和工棚的比例仍占主体（54.51%），这意味着在大城市务工的新生代农民工的居住状况仍不乐观，虽然也有相当比例的租房人群。另外，在中小城市务工的新生代农民工的购房比例明显高于大城市的务工者，一定程度上表明大城市"高耸"的房价令他们"望而却步"。

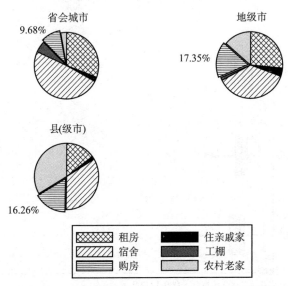

图 3 - 4　不同类型城市新生代农民工务工城市居所状况

资料来源：本书研究调研数据整理。

（3）家庭生活特征

由表 3 - 7 可知，在地、县两级城市务工的新生代农民工与其家人同住或同在一城市的比例远高于在省会城市工作的务工者，一定程度上说明务工者可能出于家庭迁移成本（主要指住房、子女教育、日常生活花费等）的考虑，在经济上大多不能承受在务工大城市的家庭生活成本，而不得不在大城市"孤军奋战"。

表3-7　　　新生代农民工在务工城市家庭生活状况

城市（县）	与家人同住或同在一城市		独自一人在务工城市	
	频数	频率（%）	频数	频率（%）
省会城市	89	28.71	221	71.29
地级市	95	43.38	124	56.62
县（级市）	66	53.66	57	46.34
总体	250	38.34	402	61.66

资料来源：本书研究调研数据整理。

（4）在务工城市工作年限

由图3-5可发现，新生代农民工在目前务工城市的工作年限多集中在3年以下，且务工年限在1年以下的分布较集中（占样本的45.86%）。在务工城市工作年限在3年以上的占到样本的1/4以上，这表明已在务工城市长久工作、生活的新生代农民工已占相当比例，可能这部分人群会有更强的"留城"意愿。

从在务工城市的平均工作时间看，大、中小城市务工者在务工城市的工作年限依次降低（见表3-8），表明新生代农民工在大城市的工作稳定性较好，猜测可能是碍于其他方面的因素（如住房）影响了其"留城"意愿。若增强新生代农民工在中小城市就业的稳定性，将进一步增强中小城市对新生代农民工"留城"的"拉力"。

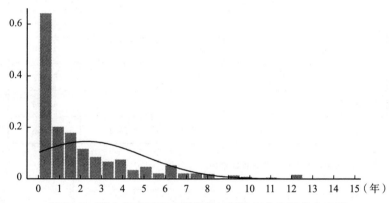

图3-5 新生代农民工在目前务工城市工作年限分布密度

资料来源：本书研究调研数据整理。

表3-8 新生代农民工在目前务工城市工作年限基本统计量

城市（县）	样本量	均值	标准差	最小值	最大值
省会城市	310	2.61	2.88	0.04	14.92
地级市	219	2.30	2.79	0.04	14.33
县（级市）	123	1.46	2.08	0.08	12.08
总体	652	2.29	2.74	0.04	14.92

资料来源：本书研究调研数据整理。

（5）与当地人相处状况

如图3-6所示，在中小城市务工的新生代农民工与当地人的接触程度及相处的和谐程度明显好于在大城市的打工者。在地、县城市务工的新生代农民工与当地人相处"很好"的比例（59.82%、69.11%）远高于在大城市的打工者（46.45%），且在县级城市，没有出现与当地人"不接触"的打工者。一定程度上表明中小城市的市民与新生代农民工的生活习惯、社会文化、社会心理等方面差距较小，是中小城市的"宜居"特征之一。

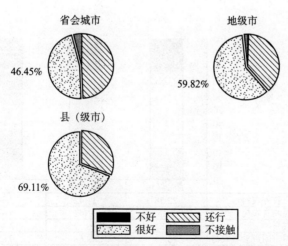

图3-6 不同类型城市新生代农民工与当地人相处状况

资料来源：本书研究调研数据整理。

3.5 来源地特征比较分析

从图3-7可知，不同类型城市新生代农民工来源地差异明显，在省会城市及地级市的务工者以来自省内的务工个体为主，而在县级城市的务工者不仅是以省内的务工者为主，而且是以就近务工的来自打工城市附近农村的务工者为主。省、市、县务工城市其务工者来自省内的比例依次为：68.07%、77.16%和91.87%，显示出新生代农民工选择就近务工的趋势。

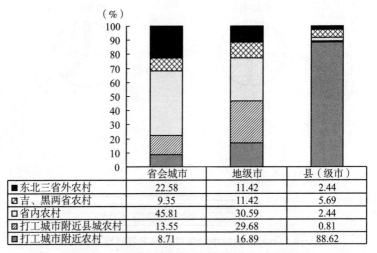

图3-7 不同类型城市新生代农民工来源地对比

资料来源：本书研究调研数据整理。

本章对不同类型城市的新生代农民工的特征进行了对比分析，研究发现：

①从人口学特征上看，男性多在大中城市务工，女性偏爱中小城市；务工城市层级越高、其务工者的平均年龄越大，文化程度越高；中、小城市务工的未婚比例要高于在大城市的打工者。

②在家庭经济特征方面，在县级城市务工的新生代农民工的家庭年收入及高收入家庭占比、老家房产价值均值都低于在大中城市的务工者。

③从在务工城市工作及生活特征看，在省会城市务工者从事技术型工作占主体地位，居住状况明显不如中小城市；在地、县两级城市务工者与其家人同住或同在一城市的比例远高于省会城市；大、中小城市务工者在务工城市的工作年限依次降低；在中小城市的务工者与当地人的接触程度及相处的和谐程度明显好于在大城市。

④从来源地特征看，大、中小城市的务工者都以来自省内的务工个体为主，但在县级城市的务工者不仅是以省内的务工者为主，而且是以来自打工城市附近农村的务工者为主。

第 4 章

新生代农民工城市定居
意愿趋势分析

4.1 新生代农民工定居地
选择首要考虑的因素

调研发现（见表 4 - 1），新生代农民工定居地选择最看重的因素中"离家乡远近"位居榜首，其次是围绕"安居乐业"的二因素：房价和稳定的工作，还有相当数量的被访者选择的原因是考虑到务工城市的生活费用及未来的事业发展。值得关注地是，总体来看，"离家乡远近"因素已经超越房价等经济因素成为新生代农民工未来定居选择首要考虑的因素。在家乡就近实现安居乐业，成为新生代农民工未来发展的趋势。

表4-1　　新生代农民工未来定居地选择首要考虑的因素（前五位）

	1	2	3	4	5	
	离家乡远近	房价	工作稳定	生活费用可承受	更利于事业发展	前五位因素小计
频数	121	119	95	70	70	475
频率（%）	18.56	18.25	14.57	10.74	10.74	72.86

资料来源：本书研究调研数据整理。

　　推测来看，这可能与农民工务工城市及家乡中小城市的发展水平相关。在农民工以省内务工为主的务工城市，其所在务工城市发展水平可能与其来源地的家乡中小城市差距不是太大，新生代农民工在省内的大中城市经过历练、见过世面之后，回到家乡的中小城市也不会感到太大的落差，也可以找到工作。因此，中小城市就业机会的多寡，以及给农民工发展空间的大小，很大程度上决定了我国农民工属地就近城镇化选择的实现。

　　而在一些中西部的农民工输出大省，每年的春节前后仍有大量的务工人员往返于沿海发达地区与家乡之间，也正在表明他们家乡的中小城市与沿海务工城市之间的发展差距巨大，就业机会相差悬殊。对于那些省份农民工未来定居城市首要考虑的因素值得探究。

　　进一步的分析表明，不同类型城市新生代农民工未来定居地选择首要考虑的因素存在差异。在表 4 - 2 中给出的前 5 位因素中，不同类型城市新生代农民工对未来定居地选择的考虑因素存在共性：房价、稳定的工作、离家乡远近、更利于事业发展成为其共同关注的因素，表明"安居乐业""血缘、亲缘、地缘关系"及"未来发展"成为影响新生代农民工未来定居地选择的关键因素。

但不同类型城市新生代农民工在选择未来定居地时首要考虑的因素存在差异。在省会城市打工的新生代农民工在考虑未来定居地时，首要的关注便是定居地的房价。表明在大城市打工的人群，虽然在他们"为什么会选择留下来定居"的首要因素中位列第一的是"生活久了，喜欢这里"，但毋庸置疑的是大城市的"房价"已成了社会的"热门话题"和他们的现实考虑，大城市令人"望而却步"的房价已成为他们众多定居考虑中最受关注的一个。统计发现，在三个类型城市的有"留城"定居意愿的样本中，已在打工城市买房的比例依次为：8.67%、15.44%、22.09%，在打工的大城市购房的比例是最低的。

打工城市的级别越低，新生代农民工对房价的担忧越少。在地、县级市的新生代农民工定居首要考虑的因素中的第一位则是"离家乡远近"。这与三个类型城市新生代农民工的来源构成有关，在省会城市、地级市、县（级市），来自省内农村范围以内的样本均占绝对多数，尤其是县（级市），有 88.62%

表 4 - 2 不同类型城市新生代农民工未来定居地选择首要考虑的因素（前五位）

城市（县）		1	2	3	4	5	前五位因素小计
省会城市（310）	频数	房价	工作稳定	离家乡远近	生活费用可承受	更利于事业发展/子女教育	
		67	55	46	45	27	240
	频率（%）	21.61	17.74	14.84	14.52	8.71	77.42
地级市（219）	频数	离家乡远近	房价	看配偶在哪	工作稳定	更利于事业发展	
		40	37	28	27	21	153
	频率（%）	18.26	16.9	12.79	12.33	9.59	69.87
县（级市）（123）	频数	离家乡远近	更利于事业发展	房价	工作稳定	配偶在哪	
		29	22	15	13	10	89
	频率（%）	23.58	17.89	12.2	10.57	8.13	72.37

资料来源：本书研究调研数据整理。

的新生代农民工是来自打工城市附近农村,"就近原则"促使他们能留得下,便选择"留城"定居。

4.2　新生代农民工未来定居趋势

4.2.1　三种主要定居去向及原因

调研发现,在新生代农民工未来定居地的去向上,排在首位的是"留城",其次是"回家乡中小城市":回家乡县(级市)和回家乡地级市,"回农村老家"占第三位(如图 4-1 所示),这三种去向占到了样本的 92.94%。

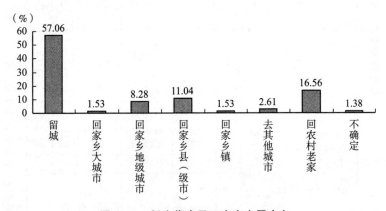

图 4-1　新生代农民工未来定居去向

资料来源:本书研究调研数据整理。

有定居城市意愿的新生代农民工比例达 82.06%，留在目前打工城市成为首选，家乡中小城市成为新生代农民工重要的城市定居去向，且选择家乡县（级市）比例高于地级市，打算回家乡大城市和家乡所在镇的比例很少。

表 4-3 统计出了新生代农民工三种主要的未来定居去向的原因。

第一，在为何打算"留城"的原因方面，"生活久了，喜欢这里"成为首位原因，"留城"者中有近 30% 的被访者是因为对打工城市喜爱并进而产生了对该城市的归属感而选择留下来的。这可能也是新生代农民工选择定居城市的原因中与老一代农民工的不同之处，新生代的务工群体更容易被城市生活所吸引、被现代生活所同化，从而对打工城市产生归属感，逐渐形成在打工城市长久安家立业的打算。其次便是感觉有能力在打工城市"乐业""安居"，工作、住房是新生代农民工在城市定居的经济和生活保障，是他们在城市长久生活、发展的必要条件，选择这二者的总比例超过了 30%。有了相对稳定的工作后，或租房或买房，就可以朝着美好生活的目标进发了。若已买了房子，那么"留城"长久发展的可能性便更大了。排在第四位和第五位的分别是考虑到与（未来）配偶在同一务工城市工作、生活及"离家近"因素。在城市务工的"80 后""90 后"农民工较第一代农民工，更多地面临着在哪安家，是否迁居城市的问题，他们不愿再像父辈那样为了挣钱而舍弃家庭生活，

表4-3 新生代农民工主要定居地选择原因（前五位）

		1	2	3	4	5	前五位原因小计
为何"留城"（372）		生活久了，喜欢这里	工作稳定了	已在此买了房子	（未来）配偶在这里	离家近	
	频数	108	61	53	39	34	295
	频率（%）	29.03	16.4	14.25	10.48	9.14	79.30
为何"回家乡中小城市"（126）		离家近	已在那里买房	房子便宜	家乡发展了，也可以找到工作	照顾老人	
	频数	77	13	10	6	5	111
	频率（%）	61.11	10.32	7.94	4.76	3.97	88.10
为何"回农村老家"（108）		家里已盖好了房子	没想在城里久留	农村环境好，方便	照顾父母	在城市生活费用太高，承担不起	
	频数	30	28	16	10	8	92
	频率（%）	27.78	25.93	14.81	9.26	7.41	85.19

资料来源：本书研究调研数据整理。

他们渴望有尊严地过正常的"小日子"，若离父母家近些就更好了。

第二，在为何"回家乡中小城市"的考虑因素上，距离因素及住房因素成为最大的吸引。在126位选择家乡中小城市作为未来定居的新生代农民工中，有超过60%的人是因为"离家近"，离农村老家的近便，可以为新生代农民工带来经济、情感、心理上的更多"效用"，更多享受生活上的轻松和便利。"已在那里买房"和"房价便宜"位居原因的第二、三位，"安居"才能"乐业"，适宜房价带来的更多"实惠"是家乡中小城市吸引新生代农民工回乡定居的重要"拉力"之一。若回家乡中小城市可以找到工作，那就既可以"进城"、又可以在城里更好地实现安居乐业，并可照顾父母。

第三，为何打算"回到农村老家"？大量农村青壮劳动力涌入城市，农村出现"空心化"，明天的中国由谁来种田的问题也是我们在实现城市化进程中必须面对的问题之一。据《人民日报》记者2012年在湖南宁乡县的调查，"如今在家种地的老的比少的多，女的比男的多，50岁以上的占到63%"。本书调查显示，仅有近1/6的新生代农民工有回乡务农的意愿。这些打算回到农村老家定居的人群，主要考虑的因素是老家有现成的住房、无意"留城"、喜欢农村生活等因素。

在访谈中，我们发现，打算回农村老家定居的新生代农民工，并未显示出"回乡"的无奈，他们大多表现出对家乡生活的肯定，空间广阔、压力小、自然环境好、消费水平低等方面的因素将他们"拉"回农村老家。这部分人群将作为"见过世面"的农村青年为农村发展注入新的、持久的活力,他们将成为建设社会主义新农村和培养现代农民的宝贵资源。

4.2.2 新生代农民工中小城市定居倾向

进一步的分析表明,在535位有城市(镇)定居意愿的被访者中,倾向去地、县两级城市的比例占到65.98%,打算去省级城市定居的比例不到1/3,打算去乡镇定居的新生代农民工比例很小(如图4-2所示)。新生代农民工定居中小城市的意愿明显。

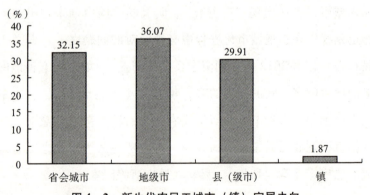

图4-2 新生代农民工城市(镇)定居去向

资料来源:本书研究调研数据整理。

从现实来看，可能由于高房价和日常生活成本高，大城市没有成为他们未来定居地的主要选择，而辽宁的乡镇可能由于缺少人口和经济的聚集效应，目前更不是他们理想的定居地。

4.2.3　新生代农民工属地就近定居趋势

由图3－7我们知道，在县级城市，绝大部分务工者为本地就近务工，来自打工城市附近农村及打工城市附近县城农村的务工者占到89.43％。本书统计发现，在县级城市务工的新生代农民工，其"留城"比例占到69.92％。可见在家乡附近务工的新生代农民工就近"城市化"倾向极强。

2012年《全国农民工监测调查报告》显示，外出农民工就业地点主要以直辖市、省会城市及地级市等大中城市为主，占到65％。在2.2.4小节对我国乡—城迁移的两阶段理论进行的改进分析中，提到在务工城市就地定居及属地就近定居（家乡中小城市）将成为我国农民工市民化的两种主要方式。在本节中，将调查中的大中城市样本（529个）单独进行分析，考察在大中城市务工的新生代农民工的属地就近定居趋势。统计发现，样本中有城镇化意愿者有431人，占81.47％。按照将来源于务工城市附近农村及务工城市所属县城农村的务工者的"留城"人数及五种不同来源地域的务工者中选择去家乡中小城市定居的人数之和定义为"属地就近定居"样本（如图4-3、图4-4所示）。

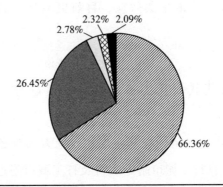

图4-3 大中城市新生代农民工城市（镇）定居去向

资料来源：本书研究调研数据整理。

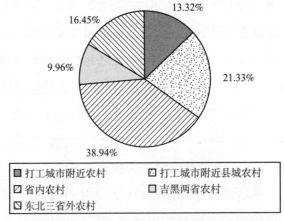

图4-4 大中城市新生代农民工来源地构成

资料来源：本书研究调研数据整理。

统计分析发现，在大、中城市务工的新生代农民工打算属地就近定居的比重达52.67%（如图4－5所示），表明了在新生代农民工快速城镇化的背景下，属地就近定居将是他们的趋势性选择。

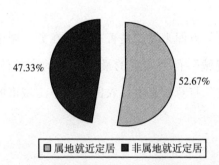

图4－5　大中城市新生代农民工属地就近定居趋势

资料来源：本书研究调研数据整理。

根据2012年的农民工监测报告，类似以辽宁为代表的东北三省、山东、山西、宁夏等农民工的输入输出基本持平的省、自治区，农民工选择属地就近定居实现城镇化的方式，将成为一种趋势。可以预见，在中西部的河南、湖北等省份的未来发展过程中，农民工属地就近定居的趋势也将显现。

4.3　新生代农民工城市定居行为可能性分析

在假定目前的外部环境不发生变化的情况下，新生代农民工在城市的购房能力和未来在城市的生存能力对其能否将其打算变成行为具有决定意义。

4.3.1　购房能力与城市定居行为可能性

从"安居"方面来看，是否有能力在务工城市购房是新生代农民工"留城"行为实现的最重要的约束条件。由图 4-6 知，有"留城"打算的新生代农民工在务工城市的购房比例达到了 1/5 以上。

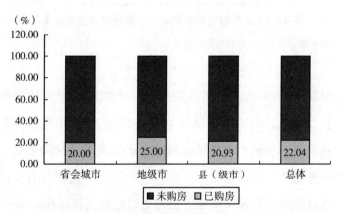

图 4-6　有"留城"意愿者在务工城市购房状况

资料来源：本书研究调研数据整理。

另外进一步的统计发现，有"留城"意愿但未在务工城市购房及有"回家乡中小城市"意愿的两类人群的家庭年收入水

平与有"留城"意愿已购房者的水平相近，且这三类人群的家
庭年收入状况要远高于"回农村老家"人群（如图4－7所
示）。这表明了有城市定居意愿但未购房人群在从城市定居意
愿到城市购房定居行为的实现上有相当的可行程度。

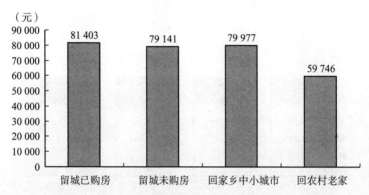

图4－7　有城市定居意愿新生代农民工家庭年收入状况

资料来源：本书研究调研数据整理。

4.3.2　生存能力与城市定居行为可能性

从未来城市生存能力看，新生代农民工目前的收入水平可以
在很大程度上代表他们将其定居意愿转变为定居行为的能力。根
据所选城市的2012年《国民经济发展与统计公报》，2012年沈阳
市、锦州市、鞍山市、台安县、北镇市的城镇居民人均可支配收
入分别为26 431元、22 995元、24 194元、20 700元和20 000

元（其中的北镇市数据为参照相关数据的估计值）。统计发现，有"留城"意愿的新生代农民工目前的收入水平已有 72.58%，达到了所在务工城市城镇居民可支配收入水平（如图4－8所示）。表明新生代农民工对城市定居意愿的表达是有相当的可信程度，其"留城"意愿—行为实现的可能性很大。

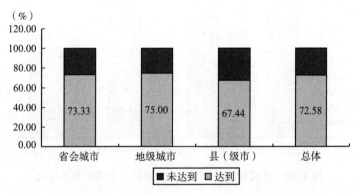

图4－8　有"留城"意愿者工资收入达到城市居民收入水平比例

资料来源：本书研究调研数据整理。

第5章

新生代农民工城市定居
意愿差异统计分析

了解了新生代农民工未来定居去向的总体趋势后，接下来将对具有不同个体特征的新生代农民工的多元定居意愿进行进一步的交互统计分析，以期发现新生代农民工内部不同特征亚群体的定居意愿差异。

5.1　人口学特征与未来定居意愿

（1）性别

从性别上看（如图5-1所示）：

①女性新生代农民工"留城"比例大于男性。男性中约有一半选择"留城"，而女性的"留城"比例达到近70%。

这一方面表明女性新生代农民工更倾向留在目前的打工城市长久地工作、生活；另一方面，调研中发现女性新生代农民工多在地、县级的中小城市务工，而男性多在大中城市务工，

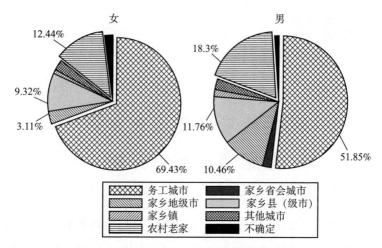

图 5 – 1   不同性别新生代农民工未来定居意愿

资料来源：本书研究调研数据整理。

女性更可能留在"更容易留"的目前务工的中小城市。

②男性"回家乡中小城市"的比例高于女性。

本次调研统计显示，男性新生代农民工跨县务工比例为 63.61%，女性为 40.93%。访谈中发现，对于男性青年务工者来说，他们到城市锻炼、打拼、赚钱、实现自我价值的想法要多于女性。因此就业机会更多、空间更广阔的大中城市成为他们的务工地。但在未来定居地的选择上，可能考虑到距离因素及大中城市的高房价、日常生活成本高等因素，他们选择了回家乡中小城市定居。

而且男性新生代农民工多有"一技之长"（如图 5 – 2 所

示），随着近年来我国中小城市的城市扩容及产业发展，他们相信回到家乡也一定会找到自己的新天地。

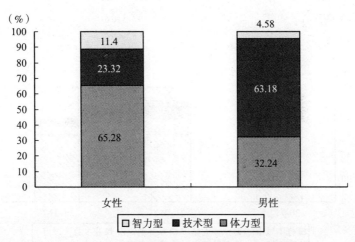

图5-2　不同性别新生代农民工职业类型

资料来源：本书研究调研数据整理。

③女性更不愿意回到农村务农。

女性新生代农民工"回农村老家"的比例（12.44%）低于男性（18.3%）。统计显示，选择"回农村老家"这部分人群的平均年龄为25.8岁，是不同定居去向人群中最大的。这一年龄也是农村青年急"该"婚嫁的年龄。因此，出现这种趋势可能与女性对城市生活的更多偏好和男性对在城市安家高负担的"逃避"，或男性家庭父母已为其在农村置备好房产等因

73

素有关。

（2）年龄

从三个年龄段新生代农民工"留城"定居比例上看（如图 5-3 所示）：

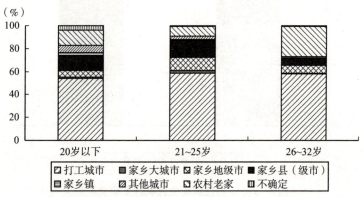

图5-3　不同年龄特征新生代农民工未来定居去向

资料来源：本书研究调研数据整理。

①20 岁以上者较 20 岁以下者"留城"比例高些。

这与他们在务工城市的工作年限相关，三个年龄段的务工者在务工城市的务工时间（以月计）分别为 11.6 个月、25.2 个月和42.3 个月。

②21～25 岁年龄段"回家乡中小城市"比例高于其他两个年龄段人群。

这可能是由于 20 岁以下的青年务工群体"初出茅庐"，还没有对城市工作、生活的深切体会；而对于 26~32 岁年龄段的人群，年富力强的他们要么有信心留在目前的打工城市，要么顾及家庭选择回到农村老家。21~25 岁年龄段的人群，他们对目前务工城市的生活已有一定体验，去留与否已有判断，综合考虑，他们选择更实际的家乡中小城市。

（3）文化程度

从图 5-4 可以看出，具有小学文化程度的新生代农民工打算"回农村老家"的比例最高，而拥有初中及高中及技校文化程度者"留城"和"回家乡中小城市"定居比例要高于小学文化程度的务工者。

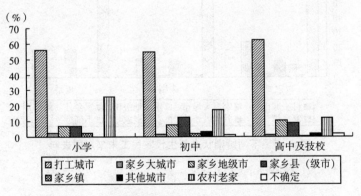

图 5-4　不同文化程度新生代农民工未来定居去向

资料来源：本书研究调研数据整理。

调研发现初中以上文化程度者占到新生代农民工群体的

93.40%，小学及以下仅占6.60%。一般来说，无论是获得未来职业的稳定与发展，还是追随城市发展的节拍，文化程度高者都具备更强的适应城市生活的能力。

（4）婚姻

调研发现，未婚的新生代农民工打算留在打工城市定居的比例是三种婚姻状态中最高的（如图5－5所示），已婚者打算"回农村老家"的比例最高。表明婚姻及家庭对新生代农民工的未来定居地选择存在一定的相关关系。

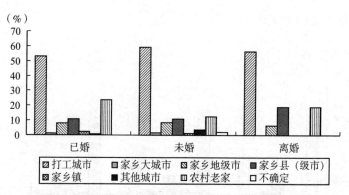

图5－5　不同婚姻状态新生代农民工未来定居去向

资料来源：本书研究调研数据整理。

5.2　家庭经济特征与未来定居意愿

本书调研的样本显示，新生代农民工的平均年龄为24岁，

他们中未婚比例达 63.19%，其中已婚者中也有相当大的比例
与父母在一起生活。从现实来看，新生代农民工选择未来在哪
定居，是其父母在尊重子女意愿基础上的家庭决策，因为新生
代农民工无论是进城购房还是回乡创业，在经济、社会关系等
方面都离不开父辈的帮助。因此，有必要考察新生代农民工家
庭的经济特征与其未来定居地选择的关系。

（1）家庭年收入

由图 5 – 6 可以看出，随着家庭年收入水平的逐级提高，
新生代农民工"留城"的比例逐渐增多，其家庭年收入在 5 万
元以上的也较 5 万元以下的"回家乡中小城市"定居的比例增
多；而家庭年收入较高的两组人群"回农村老家"定居的比

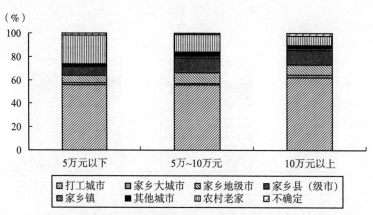

图 5 – 6　不同家庭年收入新生代农民工未来定居去向

资料来源：本书研究调研数据整理。

例明显减少。这表明了只要具备了一定的经济条件，就可能有更多的新生代农民工选择跳出农村，去城市定居，实现自己或父辈的"城市梦"。

（2）老家房产价值

从图 5 - 7 可以看出，老家已无房产价值的务工者，打算"留城"定居的比例超过了 80%，他们大多数会留在目前的务工城市定居，或是去其他城市，不可能再回农村老家了；有趣的是，在其他的四个价值段中，随着老家房产价值的逐级升高，新生代农民工"留城"的比例没有明显变化，而回家乡中小城市定居的比例逐渐增多，这表明了以"老家房产价值"为代表的家庭经济条件是新生代农民工定居家乡中小城市的必要条件之一。老家房产价值与"回家乡中小城市"定居的比例有

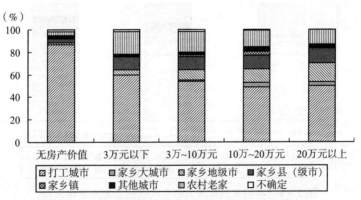

图 5 - 7　不同老家房产价值新生代农民工未来定居去向

资料来源：本书研究调研数据整理。

成正比的趋势。我们也看到，随着老家房产价值的逐级升高，
"回农村老家"定居的比例是逐渐减少的。

5.3 在务工地工作、生活特征与未来定居意愿

新生代农民工在务工地的工作、生活状况，直接影响其对该
城市的好恶、对职业发展的期望、对未来家庭的规划等，进而影
响其未来定居地的选择。以下将从职业类型、住所、与当地人相
处的状况、是否与家人工作或生活在同一城市及在务工城市的工
作年限5个方面考察与新生代农民工未来定居地选择的关系。

（1）职业类型

从新生代农民工的职业类型来看（如图5-8所示），从事
包工头、公司管理人员、固定店铺小业主等职业的技术型务工
者"留城"比例远高于其他两种职业类型，从事这类职业的新
生代农民工具备更高的综合素质，在文化程度、技术、管理、
资金、社会关系等一方面或多方面具备发展优势，因此他们的
"留城"比例最高。

由图5-8还发现，技术型务工者回家乡中小城市定居的
比例最高。原因可能是有"一技之长"的青年农民工，更多是
想凭自己的技能赚钱，没有将目前的务工城市作为永久的定居
地，可能家乡的中小城市才是他们理想的安居之所。

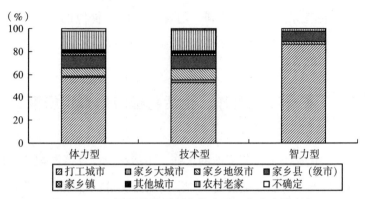

图 5-8 不同职业类型新生代农民工未来定居去向

资料来源：本书研究调研数据整理。

（2）住所

从图 5-9 中可以看出，有较稳定住所的（租房、住亲戚家、购房、农村老家①）务工者"留城"比例较高；住宿舍和工棚的务工者（占样本的 45.25%）"留城"比例远低于选择其他居住方式的人群。

从现实来看，新生代农民工虽生活在城市，但他们对于住所的要求，还只是"能住"，没有将住处寄予"家"的概念。对于住处，除了有的打工单位会提供住所外，其他人都是自己找住处。城市的廉租房他们享受不到，有的甚至没听说过。

---

① 务工时住所为"农村老家"的多为就近就业的新生代农民工。

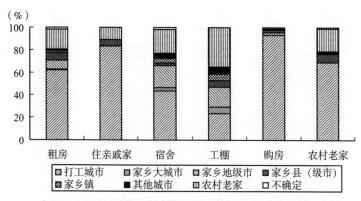

图 5 - 9　不同务工住所新生代农民工未来定居去向

资料来源：本书研究调研数据整理。

（3）与当地人相处状况

如图 5 - 10 所示，从与当地人相处的状况看，与当地人相处"不好"的新生代农民工，无一人选择"留城"；与当地人相处"还可以"和"很好"的"留城"比例较高，分别达到 50.73% 和 63.89%；与当地人"不接触"的打算"回到家乡中小城市"的比例最高。

很多新生代农民工因"生活久了，喜欢那里"而选择了"留城"，这和与当地人相处融洽，内心感到"和谐"的感受是分不开的。

（4）是否与家人工作或生活在同一城市

与家人工作或生活在同一城市的新生代农民工"留城"比例高，达到 72.80%；没有家人与其工作、生活在同一城市的

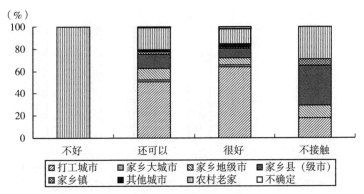

图 5 – 10　与当地人相处不同状况新生代农民工未来定居去向

资料来源：本书研究调研数据整理。

人群打算"回家乡中小城市"及"回农村老家"定居的比例高
（如图 5 – 11 所示）。

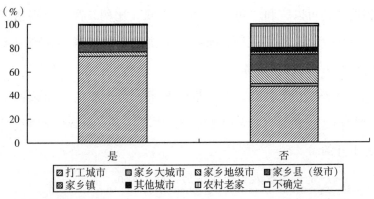

图 5 – 11　是否与家人在同一城市新生代农民工未来定居去向

资料来源：本书研究调研数据整理。

据国家统计局的数据显示，2012 年我国举家外出农民工达到 3 375 万人，占农民工总量的 12.85%。新生代农民工未来定居地点的选择，也是其真正的家庭生活重心重置的过程。促使新生代农民工实现家庭式的乡—城转移，才是真正意义上的"市民化"。

（5）在务工城市工作年限

由图 5 - 12 可以看出，一般而言，在务工城市的工作年限越长，"留城"的概率越大，如 1 年以上的三种人群的"留城"比例高于 1 年以下人群；但也并非年限越长"留城"定居比例越高，工作年限在 5 年以上的并没有显示出更高的"留城"比例。

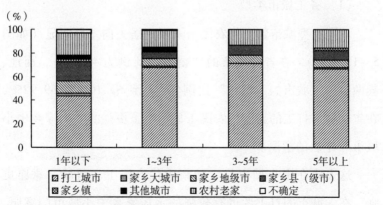

图 5 - 12　在务工城市不同工作年限新生代农民工未来定居去向

资料来源：本书研究调研数据整理。

统计显示，有超过 1/4 的新生代农民工已在目前的务工城市工作了 3 年以上，这类人群超过一半是技术型务工者。若这些新生代农民工有"留城"意愿，务工城市政府应首先允许他们在当地实现"市民化"。若这些新生代农民工迟迟等不来他们所希望的准入条件，他们可能就会离开目前的务工城市，转而去家乡中小城市定居，这样可能会对务工城市的产业发展造成影响。

5.4 务工城市类型、来源地地域
特征与未来定居意愿

（1）务工城市类型

不同类型城市新生代农民工未来定居去向差异明显（如图 5-13 所示）。在省会城市的"留城"比例为 48.39%，而地、县两级务工城市的"留城"比例分别达到 62.10% 和 69.92%，在省会城市打工的新生代农民工显示出了更强的"回家乡中小城市"定居的意愿。

这表明在中小城市打工的新生代农民工"留城"意愿更强，在大城市的打工者也有较强的定居家乡中小城市的意愿，体现出新生代农民工对定居中小城市的倾向性。同时表明，新生代农民工并不都向往大城市生活，他们不一定要在打工的大城市实现"市民化"，这可以在一定程度上消解社会上对于农民工在务工的大城市的"半城市化"状态的忧虑。

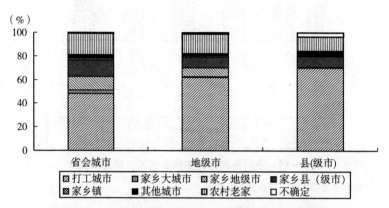

图5-13　不同类型务工城市新生代农民工未来定居去向

资料来源：本书研究调研数据整理。

（2）来源地地域

如图5-14所示，离打工城市距离越近，新生代农民工"留城"比例越高；来自吉林、黑龙江两省农村的务工者也显示了较强的"留城"倾向，表明辽宁省内城市拥有较强的融合能力和对省外务工人员的吸引力。东北三省外的务工者倾向"回家乡中小城市"和"回农村老家"定居。表明新生代农民工倾向"属地就近"定居，这也与近年农民工群体更多采取省内迁移的趋势相吻合。

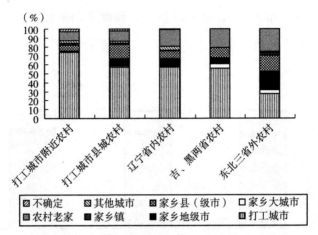

图5-14 不同来源地新生代农民工未来定居去向

资料来源：本书研究调研数据整理。

本章对新生代农民工未来定居去向的总体趋势、不同定居地选择的原因及不同个体特征未来定居意愿的差异进行了统计分析。研究发现，中小城市成为新生代农民工未来定居地点的倾向性选择。"与家乡的距离远近""房价""稳定的工作"等因素是新生代农民工定居地选择较多考虑的因素。不同人口学特征、家庭经济特征、在务工地工作、生活特征、打工城市类型及来源地地域特征的新生代农民工的未来定居意愿存在内部差异。

（1）从人口学特征上看，女性倾向"留城"，更不愿意回到农村务农，男性倾向"回家乡中小城市"；年龄大些的"留城"比例高些；21～25岁年龄段"回家乡中小城市"比例高；

文化程度低者倾向"回农村老家",具有较高文化程度者倾向"留城"或是"回家乡中小城市";未婚者倾向"留城",已婚者倾向"回农村老家"。

（2）在家庭经济特征方面,家庭年收入水平高者,倾向"留城"或"回家乡中小城市"定居;老家已无房产价值的,"留城"定居可能性较大,老家房产价值水平对"回家乡中小城市"定居有促进作用。

（3）从在务工城市工作及生活特征看,技术型务工者倾向"留城"及"回家乡中小城市"定居;有较稳定住所的务工者"留城"比例较高;与当地人相处关系良好的倾向"留城";与家人工作或生活在同一城市的倾向"留城";总的来说在务工城市的工作年限越长,越倾向"留城",但也发现,最高务工年限者"留城"倾向降低,显示出了"回家乡中小城市"的倾向。

（4）从来源地特征看,在中小城市的务工者倾向"留城",在大城市的务工者显示出了更强的"回家乡中小城市"定居的意愿;离打工城市距离越近,越倾向"留城",东北三省外的务工者倾向"回家乡中小城市",新生代农民工属地就近定居的城市化倾向明显。

第 6 章

新生代农民工城市定居意愿
影响因素实证分析

在第 5 章对新生代农民工城市定居去向差异进行统计分析的基础上，若想考察新生代农民工不同的个人特征对其未来定居意愿造成了怎样的影响，影响程度如何，需要借助回归模型进行分析。本章将通过 mlogit 回归对影响新生代农民工未来城市定居意愿的影响因素进行考察。

6.1　城市定居选择的理论分析及影响因素框架

借鉴效用最大化理论，新生代农民工面对多种定居城市选择，最终的选择一定是能为其带来最大效用的那个城市。我们设定新生代农民工定居城市选择的随机效用方程表达式，假设有 J 个选择，第 i 个农民工的第 j 种选择的效用函数为：

$$U_{ij} = z_{ij}\beta + \varepsilon_{ij}$$

其中，$i = 1, 2, \cdots, n$；$j = 1, 2, 3, \cdots, J$，U_{ij} 表示第 i

个新生代农民工选择第 j 个定居城市带来的效用；z_{ij} 表示影响第 i 个新生代农民工选择第 j 个定居城市意愿的变量，ε_{ij} 为误差项。如果对于面临 J 种选择的第 i 个农民工选择了 j，说明对此人来说 J 种选择中第 j 类选择的效用最大，即 U_{ij} 最大。

在影响因素的选择上，根据现有研究及实践观察，新生代农民工的未来定居去向主要受到个人、家庭、制度及社会等方面的影响。因此，本章将与新生代农民工未来定居流向密切相关的个人、家庭、制度及社会变量都融合到四个方面的个人特征因素当中，如人口学特征包括性别、年龄、文化程度、婚姻状态（个人方面）；家庭经济特征包括家庭年收入、老家房产价值（家庭方面）；在务工城市的工作、生活变量包括职业类型、务工住所、是否与家人在同一城市、与当地人相处状况、在务工城市工作年限（个人、家庭及社会方面）；务工城市及来源地特征包括务工城市类型（工资水平、制度、政策环境、社会包容度等）及来源地与务工城市的经济文化差异因素（社会的经济、文化因素）。如图 6-1 所示。

从人口学特征来讲，迁移者的年龄、性别、教育程度、婚姻状况等都会对定居选择造成影响。一般来讲，青壮年农民工有最强的留在务工城市的意愿（如李珍珍、陈琳，2010；杨聪敏，2012），女性更倾向于留在城市（如余晓敏、潘毅，2008；罗恩立，2012；张丽艳、陈余婷，2012），已婚务工者更可能回农村老家定居（如夏怡然，2010）。同以往相关研究相同，本章将对新生代农民工人口学特征对其城市定居意愿的影响作基本的考察。

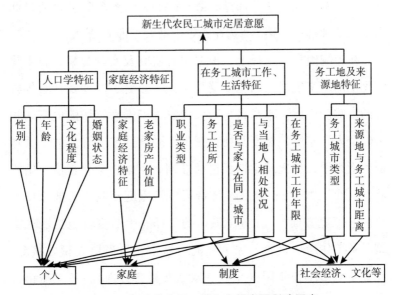

图6-1　新生代农民工城市定居意愿影响因素

从家庭经济特征来看，一般来讲，务工者家庭的经济状况越优越，其家庭就越有可能有更强烈地支持务工者跳出农村成为城里人的愿望和能力。尤其对于我国目前务工城市针对农民工的保障性住房供给乏力且城市商品房房价居高不下的情况下，务工者家庭经济状况对于其定居城市愿望的实现具有决定意义。有研究发现，家庭生活水平越高的新生代农民工越愿意实现市民化（夏显力、张华，2012）。对于以未婚群体占多数的新生代农民工来讲，其父辈或祖辈对其定居城市经济支持是其实现城市化的首要条件之一。本章将从新生代农民工的家庭年收入水平及老家房产价值两个方面来考察其家庭经济状况对其城市定居去向的影响。

从在务工城市工作、生活方面来看，职业类型、务工住所、是否与家人在同一城市、与当地人相处状况、在务工城市工作年限等可能是对其"留城"产生影响的因素。一般来讲，职业层级越高表明其工资水平高就业能力越强，在未来城市的工作和生活能力就越强，因此城市化意愿会强；在务工城市有较为舒适、稳定的住所者及与家人同在务工城市者可能有更强的"留城"意愿；在打工城市的居留时间越长越倾向于留在打工城市等。有研究表明，外来人口如果在上海居留生活了10年，他们中的95%将会稳定地居留上海（任远，2006）。

从务工地来源及不同类型（规模）务工城市来看，现有研究表明，省内务工者的"留城"意愿要强于省外务工者。本章将对新生代农民工的来源进行细化分类来考察其属地就近定居的倾向。从务工城市规模来看，有研究发现新生代农民工更倾向于在规模等级较高的城市定居，这可能是因为规模等级越高的城市，基础设施和公共服务设施越完善，就业机会越多，比较符合新生代农民工的偏好（夏显力、张华，2012）。本书对此问题持有不同观点，因为从现实来看，对于新生代农民工群体来说，能否在规模等级高的城市"留"得下才是定居选择的关键。因此在中小城市的务工者可能"留城"趋势更强。

6.2 变量说明及研究假设

（1）变量说明

在调研设计的问卷中，被访者要在以下 8 个选项中进行选择："留城""回家乡所在省会城市""回家乡地级市""回家乡县城""回家乡镇""去其他城市""回农村老家""不确定"。在统计模型的因变量设置中，新生代农民工未来定居意愿为多分类变量，因本书要着重考察新生代农民工是否"留城"及不"留城"的情况下是否会"回家乡中小城市"，因此将以上定居去向共分为七类：留城 =1，回家乡大城市 =2，回家乡中小城市 =3，回家乡镇 =4，去其他城市 =5，回农村老家 =6，不确定 =7。被解释变量及四个方面解释变量的说明见表 6－1。

表 6－1　　　　　　　　　　　变量说明

变量类型	变量含义	变量说明
被解释变量	未来定居地	留城 =1，回家乡大城市 =2，回家乡中小城市 =3，回家乡镇 =4，去其他城市 =5，回农村老家 =6，不确定 =7

续表

变量类型	变量含义	变量说明
解释变量	性别	男 = 1，女 = 0
	年龄	20 岁以下 = 1，21～25 岁 = 2，25 岁以上 = 3
	婚姻状态	已婚 = 1，未婚 = 2，离婚 = 3
	家庭年收入	5 万元以下 = 1，5 万～10 万元 = 2，10 万元以上 = 3
	老家房产价值	3 万元以下 = 1，3 万～10 万元 = 2，10 万～20 万元 = 3，20 万元以上 = 4，无 = 5
	职业类型	体力型 = 1，技术型 = 2，智力型 = 3
	务工住处	租房 = 1，住亲戚家 = 2，宿舍 = 3，工棚 = 4，购房 = 5，农村老家 = 6
	与当地人相处状况	不好 = 1，还可以 = 2，很好 = 3，不接触 = 4
	在务工城市工作年限	1 年以下 = 1，1～3 年 = 2，3～5 年 = 3，5 年以上 = 4
	打工城市类型	省会城市 = 1，地级城市 = 2，县（级市）= 3
	来源地地域特征	打工城市附近农村 = 1，打工城市附近县城农村 = 2，辽宁省内农村 = 3，吉、黑两省农村 = 4，东北三省外农村 = 5

注："文化程度"变量、"是否与家人在同一城市工作或生活"变量因在本章的模型回归中，将四类变量逐次回归后，都未体现出显著性，因此未纳入变量列表。

（2）研究假设

由于新生代农民工的年龄特点，他们大多处于未婚状态。不大可能坐等享有到务工城市的基本公共服务去实现他们的"城市梦"。因此父辈及祖辈家庭对其定居选择的经济支持可能成为他们做出选择的重要影响因素，较现有研究多考察务工者本人收入状况对流动意愿的影响更贴近实际情况。

另考虑到在大城市打工面对的高房价、被"边缘化"等因素，中小城市的打工者可能会有更强的"留城"意愿。

再有，伴随国家发达地区及大城市的产业转移及国家大、中小城市及小城镇协调发展的城市化战略的推进，在家乡中小城市"属地就近"定居，可能会成为新生代务工群体的优先选择。

提出的主要研究假设如下：

①以家庭年总收入水平、老家房产价值为代表的家庭经济条件将对新生代农民工"留城"或非打工城市的其他城市定居有显著影响。

②中小城市的打工者更倾向"留城"定居，中小城市将会成为新生代农民工定居城市的重要选择。

③来源地与务工城市的地理及经济、文化距离因素显著影响原则将显著影响新生代农民工定居去向，"属地就近"定居将成为新生代农民工定居的趋势性选择。

6.3　模型选择

为研究以上选择的四个方面的因素对新生代农民工未来定

居意愿的影响，mlogit 模型是分析因变量为多分类但无次序型常采用的一种方法。拟构建模型为：

$$\log \frac{P_i}{P_j} = \alpha_{ij} + \beta_{ij}DC + \gamma_{ij}HEC + \eta_{ij}WLC + \lambda_{ij}COC$$

其中，P_i、P_j 分别为选择的不同定居地的概率，a_{ij} 为截距项，DC 为新生代农民工人口学特征各个因素，HEC 为新生代农民工家庭经济特征因素，WLC 为新生代农民工在务工城市工作、生活特征因素；COC 为新生代农民工务工地及来源地特征因素。β_{ij}、γ_{ij}、η_{ij}、λ_{ij} 分别为 mlogit 模型中各变量的系数。

经 Stata 11.2 运算，回归结果见表 6 - 2。表中主要列出了"留城"还是"回家乡中小城市""留城"还是"回农村老家"及"回家乡中小城市"还是"回农村老家"三组两两发生比。

表 6 - 2　　新生代农民工定居地意愿影响因素 mlogit 回归结果

解释变量（括弧中为参照组）	定居意愿发生比		
	回家乡中小城市/留城	回农村老家/留城	回家乡中小城市/回农村老家
性别（女性）			
男性	**2.0934** **	**1.7810** *	1.1754
年龄（26 ~ 32 岁）			
20 岁以下	1.8354	0.6334	**2.8980** **
21 ~ 25 岁	**2.6406** ***	**0.4005** ***	**6.5939** ***

解释变量（括弧中为参照组）	定居意愿发生比		
	回家乡中小城市/留城	回农村老家/留城	回家乡中小城市/回农村老家
婚姻状况（未婚）			
已婚	**2.9471** ***	**3.4145** ***	0.8631
离异	2.2973	1.3085	1.7557
家庭年收入（5万元以下）			
5万~10万元	1.2186	**0.5726** *	**2.1283** **
10万元以上	0.6626	**0.2674** ***	0.9496
老家房产价值（3万元以下）			
3万~10万元	1.081	1.1383	1.2556
10万~20万元	**2.0223** *	1.6107	1.4234
20万元以上	1.4327	1.0065	2.4953
无	0.5711	**0.2289** *	0.5705
职业类型（体力型）			
技术型	0.8851	0.8902	0.9943
智力型	0.4773	**0.0982** **	4.861
务工住处（工棚）			
租房	**0.1782** **	**0.1746** **	1.021
住亲戚家	**0.0471** **	**0.0643** **	0.7321

续表

解释变量（括弧中为参照组）	定居意愿发生比		
	回家乡中小城市/留城	回农村老家/留城	回家乡中小城市/回农村老家
宿舍	0.6174	0.3727	1.6569
购房	**0.0577 *****	**0.0090 *****	6.39
农村老家	**0.2016 ***	0.4077	0.4945
与当地人相处状况（不接触）			
不好	0.4551	8.60E + 08	5.29E − 10
还可以	**0.2337 ***	0.4664	0.5012
很好	**0.1198 *****	**0.2509 ***	0.4776
在务工城市打工时间（1年以下）			
1~3 年	**0.3422 *****	**0.4999 ****	0.6845
3~5 年	**0.4001 ****	**0.3506 ****	1.1412
5 年以上	**0.4300 ***	**0.3665 ****	1.1733
打工城市类型 *（大城市）			
中等城市	0.798	1.1935	0.6686
小城市	1.0693	1.605	0.6662
来源地地域特征（辽宁省内农村）			
打工城市附近农村	0.4698	**0.2110 *****	2.2263
打工城市县城农村	1.5843	0.6012	**2.6353 ****

续表

解释变量（括弧中为参照组）	定居意愿发生比		
	回家乡中小城市/留城	回农村老家/留城	回家乡中小城市/回农村老家
吉、黑两省农村	1.1681	1.3812	0.8457
东北三省外农村	**3.9003** ***	1.7129	**2.2769** *
N = 652 LR chi2（180）= 442.59 PseudoR2 = **0.2787** ***			

注：1. *若只控制人口学特征和家庭经济特征，则打工城市类型因素显示出对新生代农民工未来定居意愿的影响，中小城市的务工者更倾向"留城"，大城市的打工者更倾向回到家乡中小城市定居。

2. 表中数字部分的上标 *、**、*** 分别为10%、5%、1%水平下显著。黑体数字为结果显著。

资料来源：本书研究调研数据整理。

6.4 回归结果及解释

总结分析结果如下：

1）从个人特征来看，性别、年龄及婚姻状况对新生代农民工定居地选择有显著影响。男性新生代农民工更倾向留在家乡中小城市，女性倾向"留城"。回归结果显示，较留在打工城市，男性留在家乡中小城市的概率是女性的2.0934倍，这与董延芳等（2011）的"性别对新生代农民工的流动打算没有什么影响"的结论不同。

在中国社会及家庭生活中，男性通常承担着更多的购房和养家的责任，家乡中小城市较务工城市更低的房价和生活费用可能更适合男性担起这个担子。在大城市的房价令他们"望而却步"的情形下，回到家乡中小城市实现他们的"城市梦"是一种现实的决策。从女性更倾向"留城"方面解释，原因可能是女性新生代农民工有着更多的对城市生活的认可，并且她们希望通过在务工城市找"对象"来改变她们的未来生活。

25岁以下打工者倾向不回到农村老家定居，21～25岁年龄段尤其倾向留在家乡中小城市定居。表明新生代农民工中的年轻者，"农村情节"更少，更憧憬城市生活。而21～25岁的打工者未婚比例占到70.76%（25岁以上人群未婚比例达31.33%），但未婚有对象比例高于20岁以下者。他们的年龄特点决定他们较20岁以下者工作经历、生活经历更丰富，未来定居目标更实际和明确，也较26～32岁人群更少有家庭牵挂。

已婚者更倾向选择家乡中小城市或农村老家。较留在打工城市，已婚者打算回到老家中小城市的概率是未婚者的2.9471倍，打算回到农村老家的概率是未婚者的3.4145倍，且影响极显著，表明已婚者对定居地的选择明确而坚定。调研发现，已婚者从事技术型及智力型工作的比例均高于未婚者，他们正值"年富力强"，较打工的大城市，回到家乡的中小城市更易实现"安居乐业"。一般认为，对婚姻及家庭的责任是已婚者倾向回到农村老家的原因。另外调研发现，已婚的新生代农民工配偶务农比例为 40.18%，而未婚者对象的务农比例只有 6.77%。

2）从家庭经济特征看，家庭年收入水平及老家房产价值对新生代农民工定居城市有显著影响。一般说来，一定的收入水平被视为是农民工定居城市的先决条件。许多研究表明，农民工务工收入越高，就越有可能成为城市居民（如王桂新等，2010；夏怡然，2010）。相反的结论是，农民工的务工收入越高，他们就越可能尽早地在他们所在的务工城市的预期工作年限内积累起回乡办厂开店的资本（章铮，2006）。还有研究结果表明，农民工的定居意愿不必然与其务工收入相关（如 Zhu & Chen，2010；李珍珍、陈琳，2010；董廷芳等，2011）。

特别是考虑到新生代农民工的高未婚率（本书调研为 63.19%），以家庭年收入及老家房产价值为代表的家庭经济条件对于其定居城市来说要比其自身的务工收入更具实际意义，因为新生代农民工的家庭对其进城市定居的经济承受能力很大程度上决定了他们定居城市的选择。

与以往研究相似，家庭年收入越高，打工者更倾向留在打工城市定居。除此之外，本书还发现，家庭年收入越高，新生代农民工越倾向留在家乡中小城市。同时发现，老家房产价值越高，新生代农民工倾向"留城"而不是回农村老家；比照"留城"，老家拥有较高房产价值者更倾向回到家乡中小城市。

一般来说，家庭对子女的更多期盼和责任仍是中国的一个普遍现象，中国农村家庭体现得更为明显。希望后代过上优越、体面的城市生活，是许多农村父母亲的愿望，因此父辈及祖辈家庭对新生代农民工家庭在定居购房上的经济支持是普遍做法。这种代际经济支持使新生代农民工较上一代打工者更容易实现他们的城市定居愿望。此外，父辈们希望帮助子女定居城市，不仅是来自子女及农村社会强加给他们的"义务"，另一方面也是他们自身能力的证明。

3）从在务工城市工作和生活特征看，职业类型、居住方式、与当地人相处状况及在务工城市工作年限均对新生代农民工定居地的选择有显著影响。智力型务工者更倾向留在打工城市。本书调研统计显示，从事智力型工作的平均工资（5 707元）明显高于技术型（2 958元）和体力型（1 971元），这可能是其倾向留在打工城市的重要原因。另外打工年限在1年以上的各分类中，智力型职业的比例都高于技术型和体力型的，这说明诸如固定店铺小业主、包工头、公司管理人员等智力型新生代农民工在打工城市的工作、生活能力更强，是"想留且留得下"的人群。

"购房""租房"及"住亲戚家"这三种表明拥有相对稳定、舒适的居住方式的新生代农民工显示出了倾向留在打工城市的显著性。另由于打工时"居住在农村老家"者有85%是来自打工城市附近的农村，因此"居住在农村老家"也显示出了倾向留在打工城市定居的显著性。

在打工城市与当地人相处融洽者更倾向留在打工城市。本书调查显示，在中小城市打工者"与当地人相处很好"的比例明显高于在大城市打工者。

就在务工城市的工作年限因素来讲，一般说来，务工者在一城市居住的时间越长，越倾向永久性居留，并且居住时间越久预期居留年限就越长（任远，2006）。本书研究发现，一方面，与以往研究一致，在打工城市务工年限越长，越倾向"留城"而不是回农村老家；另一方面，在打工城市工作到一定年限后，会倾向留在打工城市，但随着年限增加，这种倾向性在减弱，而去家乡中小城市的倾向性增加。可能的原因一是当务工者的工作年限积累到一定程度，他们还没有机会成为务工城市的真正意义上的市民的时候，他们会倾向做出新的决策，即选择其他城市作为他们未来的定居之地。二是他们可能已经积累了足够的资金和经验回乡创业。

4）从打工地和来源地的地域特征看，打工城市类型及来源地地域特征对新生代农民工定居地选择均有显著影响

调查表明不同的城市类型与新生代农民工定居地选择密切相关，城市规模越小，留在打工城市的比例越高，去家乡中小城市及农村老家定居的比例越低。这与来自南方省份福建的研究结论不同（该研究表明，较高的城市级别和规模会促进流动人口的留城意愿），其原因可能是与两省农民工来源构成有关，

辽宁省五市（县）农民工多来自省内（75.46%），而福建的流动人口多来自省外（62.5%）（胡陈冲等，2011）。表6-2中的回归模型并未体现出这一因素的显著性影响，但这只表明本次模型中在其他解释变量保持不变的情况下，打工城市类型变量对新生代农民工定居去向影响不显著。进一步研究发现，若只控制新生代农民工的个人特征及家庭经济特征，则在中小城市打工者的"留城"意愿显示出明显的显著性。

回归结果显示，来自打工城市附近农村的新生代农民工更倾向留在打工城市定居，来自打工城市附近县城农村的打工者倾向回到家乡中小城市定居，东北三省外的打工者也倾向回到家乡中小城市定居。表明了打工者家乡中小城市在其未来定居地选择中的重要地位，体现了"属地就近"原则在新生代农民工定居地选择中具有方向性的意义。

6.5　不同定居去向新生代农民工特征

通过6.4小节回归结果的分析，可概括出新生代农民工三种主要的定居去向亚群体的特征：

（1）有"留城"定居意愿的新生代农民工特征

从人口学特征上看，女性、26~32岁人群、未婚者更倾向留在目前的打工城市定居；从家庭经济特征看，具有较高家庭年收入者、老家无房产价值者显示了较强"留城"意愿。从在务工城市的工作和生活情况看，从事固定店铺经营、包工头、企业管理等的智力型工作人群、已购房或有较好的稳定住所者、与当地人相处融洽者、在务工地工作一定年限者倾向留在打工城市定居；从打工城市类型和来源地地域特征看，在中小城市打工的务工者、来自辽宁省内农村的打工者倾向"留城"。

（2）有去家乡中小城市定居意愿者的特征

从人口学特征上看，男性、21～25岁者、已婚者倾向回家乡中小城市定居；从家庭经济特征看，家庭年收入和老家房产价值达到一定水平者倾向回家乡中小城市定居；在中小城市务工者、来自在打工城市附近县城农村的打工者及来自东北三省外的务工者倾向回到家乡中小城市定居。

（3）倾向回农村老家定居亚群体的特征

从人口学特征上看，男性、26～32岁人群、已婚者；老家房产价值少者、家庭年收入低者；技术型、体力型务工者、在务工城市住宿舍、工棚者、与当地人不接触者、在打工城市务工1年以下者；在大城市打工者、来自辽宁省内农村的务工者倾向回到农村老家定居。

6.6　中小城市"宜居"优势分析

6.5小节的分析已经验证了本章提出的假设：即新生代农

民工的中小城市定居倾向。从现实来看，中小城市较大城市或镇确实具有现实的宜居优势。中小城市对于我国农民工市民化，具有先天的"亲和性"和后天的发展优势，有望成为提升我国城市化质量、推进城市化加速进行的主要战场。

（1）中小城市的房价及生活成本在农民工进城定居的期望值内

国务院发展研究中心课题组的调查显示，接近八成的农民工居住在设施不完善的各类简易住房中。那些想在务工地购房的农民工，能够承受的商品房单价平均为 2 214 元/m^2，能够承受的月租金平均为 292.7 元，都大大低于务工地的一般房价和房租水平（国务院发展研究中心课题组，2011）。事实上，农民工市民化实现的最大障碍就是城市住房问题难以解决（黄江泉，2011）。目前，解决农民工住房保障的探索还是局部性的，城市的经济适用房、廉租房等公共住房基本上不对农民工开放，农民工住房仍游离于城镇住房保障体系之外（国务院发展研究中心课题组，2011）。安者有其居，有能力买房定居是中国人的普遍心理。父辈及祖辈为晚辈在购房上倾囊相助也是中国家庭的普遍现象。而且对于以未婚占主体的新生代农民工来说，"进城买楼"不仅是自己及父母的期望，对于很多男性打工者来说，也是他们"娶媳妇"的硬性要求和潮流所趋。在中小城市，由于城市面积不大，人口不多，加上地价便宜，使住房价格、居民的日常生活成本、出行成本、教育成本等都相对较低，尽管不如大城市繁华热闹，却更能让农民工享受到城市生活的便利和文明（李卫东，2010）。

（2）中小城市扩容及产业转移创造了更多就业、创业机会

随着我国城市化加速推进，中小城市的城市面貌也在经历着"大变样"。且在目前大城市的房地产市场趋于饱和或竞争加剧的情况下，中小城市的房地产开发也加速了城市的扩容进程。现代的住宅小区、方便的购物环境、宽阔的街道、开阔的中心广场在吸引农民工尤其是青年农民工进城定居的同时，随之发展的城市商业、服务业也创造了众多就业、创业机会。另外，中小城市的创业成本也相对低些，加之"血缘、亲缘、地缘"因素，也会更接"地气"，使有志回乡创业的农民工容易实现"当老板"的梦想。

（3）中小城市的基础设施、教育、医疗、娱乐等水平能够满足农民工的生活需要和成就进城的优越感

近年来，我国网络、通信、高速公路、高速铁路等现代设施高速发展，以及国内连锁超市、连锁品牌店的普及等商业技术的发展，为中小城市居民提供了便捷如大城市的生活（"城市化发展研究"课题组，2010）。中小城市的城市面貌虽比不上大城市繁华，但较之农村老家的生活空间已足够宽广。只要农民工及家庭能合力购得一处房产，在以后的就业、创业、生活中，中小城市在"衣食住行"、子女教育、医疗、休闲娱乐等方面都会让农民工体会到城市生活的便利。

此外，伴随着农民工务工工资的增长，近年农民工的收入水平也在稳步提高。在城市化大潮的驱动下，农村青年"进城买楼"已成潮流，只要家庭条件允许，父母都会尽其所能为子女进城创造条件。一方面，是父辈多年打拼成果的"显示"；另一方面，也满足了打工子女离开农村、向往城市生活的愿望。

（4）定居中小城市工作、生活可兼得工农、城乡两利

虽然中小城市的工资要比大城市低些，但考虑到中小城市大多与其家乡邻近，因而可做到工农兼顾，既可增加收入，又可在工作之余享受到乡野的自然风光和家乡旅游景点。不仅如此，受中国家庭代际关系在经济、精神上联系紧密的传统影响，无论是"柴米油盐酱醋茶"，还是子女的托管，都少不了父母、亲戚的帮助。对于"80后"，尤其是"90后"的青年农民工来说，离家近更容易得到农村（父母）家庭在生活上的物质和精神支持。此外，还可以增加与老家亲戚、朋友的联系，比在大城市打工时的生活圈子要广得多，生活要自在、放松得多。

第 7 章

新生代农民工城市定居意愿
影响因素样本差异分析

为深入探讨影响新生代农民工城市定居意愿的影响因素，本章将三个不同类型城市的样本独立运用模型，将各自的影响因素作对比分析，意在考察选取的因素对在不同类型城市务工的新生代农民工群体的影响差异。

7.1　指标选取

指标选取（见表 7–1）。

表 7–1　　　　　　　　　　　　变量说明

变量类型	变量含义	变量说明
被解释变量	未来定居地	留城 =1，回家乡大城市 =2，回家乡地级市 =3，回家乡县（级市）=4，回家乡镇 =5，去其他城市 =6，回农村老家 =7，不确定 =8

续表

变量类型	变量含义	变量说明
解释变量	性别	男=1，女=0
	年龄	20岁以下=1，21~25岁=2，25岁以上=3
	家庭年收入	5万元以下=1，5万~10万元=2，10万元以上=3
	职业类型	体力型=1，技术型=2，智力型=3
	来源地地域特征	打工城市附近农村=1，打工城市附近县城农村=2，辽宁省内农村=3，吉、黑两省农村=4，东北三省外农村=5

①被解释变量。

将"回家乡中小城市"分开来考察，因此因变量为八种未来定居意愿："留城""回家乡省会城市""回家乡地级市""回家乡县（级市）""回家乡镇""去其他城市""回农村老家"和"不确定"。

②解释变量。

在人口学特征的基础上，从性别、年龄、家庭年收入、职业类型及来源地地域特征五个方面考察影响新生代农民工城市定居意愿的因素，着重考察定居购房的支付能力、未来城市生存能力及来源地与务工城市地理、经济、文化、距离对其城市定居的影响。

7.2 模 型 选 择

再次应用 mlogit 模型，

$$\log \frac{P_i}{P_j} = \alpha_{ij} + \beta_{ij}DC + \gamma_{ij}HEC + \eta_{ij}OT + \lambda_{ij}SC$$

其中，P_i、P_j 分别为选择的不同定居地的概率，a_{ij} 为截距项，DC 为新生代农民工人口学特征各个因素，HEC 为新生代农民工家庭经济特征因素，OT 为新生代农民工目前的职业类型；SC 为新生代农民工来源地特征。β_{ij}、γ_{ij}、η_{ij}、λ_{ij} 分别为 mlogit 模型中各变量的系数。

经 Stata 11.2 运算，回归结果见表 7 - 2。表中给出的是不同类型城市新生代农民工不同城市定居意愿影响因素的差异，主要列出三种主要的城市定居意愿［"留城""回家乡地级市""回家乡县（级市）"］相对于"回农村老家"的发生比。

表 7 - 2   省会城市新生代农民工城市定居意愿

影响因素 mlogit 回归结果

解释变量 （括弧中为参照组）	留城/回农村老家	回家乡地级市/回农村老家	回家乡县（级市）/回农村老家
性别（女性）			
男性	**0.3904** **	4.9009	0.4645

续表

解释变量 （括弧中为参照组）	留城/回农 村老家	回家乡地级市/ 回农村老家	回家乡县（级 市）/回农村老家
年龄（20 岁以下）			
21～25 岁	**3.3625** **	**4.0782** **	**3.1153** *
26～32 岁	0.8926	0.5239	**0.3179** *
家庭年收入（5 万元以下）			
5 万～10 万元	1.123	**2.6240** *	1.6834
10 万元以上	2.1189	2.4305	**3.7136** *
职业类型（体力型）			
技术型	**3.3934** ***	1.5911	1.9923
智力型	**8.0478** *	1.51E－07	5.7
来源（省内农村）			
打工城市附近农村	**3.9116** *	1.40E－07	0.988
打工城市附近县（级市）农村	1.5791	0.8485	**4.2510** **
吉、黑两省农村	1.1672	0.929	1.8071
东北省外农村	**0.1681** ***	1.311	1.4772
N＝310　　　LR chi2（77）＝170.94　　**Pseudo R2＝0.1851** ***			

注：表中数字部分的上标 * 、 ** 、 *** 分别表示在10%、5%、1%的水平下显著，黑体部分表示体现出显著性的变量。

资料来源：本书研究调研数据整理。

7.3 不同类型城市样本回归结果及解释

（1）省会城市新生代农民工城市定居意愿影响因素分析

性别、年龄、家庭年收入、职业类型及来源地与打工地的距离均对在省会城市打工的新生代农民工的城市定居意愿有显著性影响。

从性别来看，女性更倾向"留城"。中国男性在定居购房上的更多责任使其面对大城市的"可望而不可即"的房价时，可能理性地退回到农村老家；而女性新生代农民工则可能因其对城市生活的更多眷恋或打算通过在打工的大城市"嫁对郎"从而改变自己的回乡命运。

从年龄看，处于"中间段"的新生代农民工更倾向留在打工的大城市或回到家乡的地级市定居，而 26～32 岁年龄段新生代农民工则倾向回农村老家定居。21～25 岁人群，他们在打工城市较 20 岁以下者务工经历丰富（21～25 岁年龄段在务工城市工作年限 1 年以上比例占 59.32%，而在 20 岁以下人群中只占 29.51%），较 26 岁以上人群少有农村家庭的牵挂，更适应和倾向选择城市生活。另外，这部分人群与 26～32 岁人群一样，是以技术型和智力型工作为主（63.98%），而 20 岁以下人群是以从事服务员、售货员、收银员等体力型工作为主，其平均工资水平（2 849 元）也高于 20 岁以下农民工（2 026 元）。再看以已婚者为主的 26 岁以上新生代农民工，虽然他们的工作类型是以技术型、智力型工作占主体，平均工资也是三个年龄段中最高的，但因其农村家庭的牵挂（其配偶或未婚夫（妻）的职业类型是从事农业的比例在三个年龄段中是最高的），未来回农村老家定居生活的可能性更高。

从家庭经济状况看，具有一定家庭年收入的新生代农民工倾向去家乡地级市和县级城市定居。值得关注的是，回归发现家庭年收入对在大城市打工的新生代农民工"留城"定居并没有显示出显著性。表明以新生代农民工家庭经济收入作为衡量的购房能力与大城市房价之间的差距是巨大的，大城市的"广厦"对目前新生代农民工家庭来讲是缺乏弹性的。如以一位新生代农民工购买一处 75 平方米的住房为例，以回到县城估算，若按每平方米 3 000 元计算，加上装修费用，需 27 万元左右。而中国省会城市的房价大约在 6 000 元以上，那么购房支出就要倍增。这种数字对比使新生代农民工主动或不得不选择回家乡中小城市定居。

从职业类型看，在大城市打工的新生代农民工，从事技术型、智力型工作者倾向"留城"定居。职业类型可以在一定程度上代表新生代农民工定居城市后的生存能力，因此相应的工资水平可以表征其能力的大小。统计显示，在省会城市务工的新生代农民工从事体力型、技术型、智力型工作的月平均工资分别为 2 334 元、3 103 元和 6 067 元。比照 2011 年沈阳市在职职工月工资 3 813 元，考虑到从事低技术类者经过技术提升后工资还可能增加，因此从事技术型和智力型工作的新生代农民工对未来在打工城市生活还是有承受能力的。

从来源地与打工城市的距离看，离打工城市距离越近，"留城"定居的概率越大。与来自辽宁省内的新生代农民工相比，来自打工城市附近农村的显示出"留城"定居的倾向；来自打工城市附近县城农村的倾向回当地县（级市）定居；来自东北三省外的务工者倾向回农村老家定居。显示出"属地就近"原则在新生代农民工选择未来定居城市中的重要作用。

（2）地级城市新生代农民工城市定居意愿影响因素分析

性别、年龄、家庭年收入、职业类型及来源地与打工的距离均对在地级城市打工的新生代农民工的城市定居意愿有显著性影响（见表 7–3）。

表 7–3　　地级务工样本城市定居意愿影响因素 mlogit 回归结果

解释变量（括弧中为参照组）	留城/回农村老家	回家乡地级市/回农村老家	回家乡县（级市）/回农村老家
性别（女性）			
男性	0.8334	0.9692	**9.3920** *
年龄（20 岁以下）			
21 ~ 25 岁	1.8156	2.4956	1.0006

续表

解释变量 （括弧中为参照组）	留城/回农村老家	回家乡地级市/回农村老家	回家乡县（级市）/回农村老家
26～32 岁	1.4531	1.1352	**0.1439 ****
家庭年收入（5 万元以下）			
5 万～10 万元	**2.3606 ****	1.7318	3.0291
10 万元以上	**5.5511 ****	2.2151	1.9724
职业类型（体力型）			
技术型	**0.3275 ****	0.3401	**0.2646 ***
智力型	1.08E＋07	4.30E＋06	1.5177
来源（省内农村）			
打工城市附近农村	**3.2305 ***	1.5666	0.8942
打工城市附近县（级市）农村	1.5739	**4.5707 ***	2.2305
吉、黑两省农村	0.7106	**0.7979 ***	2.4779
东北省外农村	1.3802	**11.0719 ****	**6.1131 ***
N＝219　　　LR chi2(77)＝117.99　　**Pseudo R2＝0.2211 ******			

注：表中数字部分的上标 *、**、*** 分别表示在 10%、5%、1% 的水平下显著，黑体部分表示体现出显著性的变量。

资料来源：本书研究调研数据整理。

　　从性别看，男性更倾向去家乡县级城市定居。统计显示，在地级市，女性新生代农民工的"留城"比例为 88.14%，男性为 69.42%；女性去家乡县级城市定居的比例为 1.69%，男性为 14.88% 。从不同类型城市的现代性上考虑，地级市较县级城市更具城市氛围，可能吸引更感性、少有"成家立业"负担的女性打工者"留城"定居，而男性农民工则倾向选择房价更适宜和离家更近的"实惠"的县（级市）定居。

从年龄上看，在地级市务工的 26~32 岁年龄段新生代农民工显示出回农村老家定居的倾向。可能的原因与在省会城市务工者的状况相同。

从家庭经济状况看，在地级市务工的具有一定家庭经济条件的新生代农民工更倾向"留城"，同时显示了去家乡县级城市定居的倾向。表明只要家乡经济条件允许，（家乡）中小城市会成为新生代农民工未来定居地的首选。

从职业类型看，体力型新生代农民工倾向"留城"或去家乡县（级市）定居。调研发现，在大城市打工的新生代农民工，从事技术和智力型工作的群体的"留城"比例高于体力型农民工，而在中小城市打工的新生代农民工从事技术型工作的群体"留城"比例是三种职业类型中最低的。而且在所有样本中，体力型和智力型新生代农民工中均是女性占到 70% 以上，而技术型则是以男性为主（64%）。在地级市打工的新生代农民工，因其力工、零工、售货员、收银员、服务员等体力型工作比例最高，这一工作又以女性为主，因此女性新生代农民工的"留城"倾向较强，从而使在地级市中，体力型新生代农民工显示出"留城"倾向或去家乡县级城市定居的倾向。

从来源地与打工城市的距离看，来自打工城市附近农村的倾向留在务工的地级市定居；来自打工城市附近县城农村的新生代农民工倾向回到家乡的地级市定居；来自东北省外农村的新生代农民工倾向回到家乡地、县城市定居。表明"属地"原则及"就近"原则对新生代农民工未来定居地选择的影响。

（3）县级城市新生代农民工城市定居意愿影响因素分析

由表7－4，只有年龄一个因素对在县级城市打工的新生代农民工的城市定居意愿有显著性影响。26～32岁人群倾向回到农村老家而不是留在打工城市，且模型也未体现出显著性，表明在县级城市打工的新生代农民工的未来城市定居意愿差异较小。

表7－4　　县级城市样本城市定居意愿影响因素 mlogit 回归结果

解释变量 （括弧中为参照组）	留城/回农村老家	回家乡地级市/回农村老家	回家乡县（级市）/回农村老家
性别（女性）			
男性	0.5974	3.81E + 07	0.336
年龄（20 岁以下）			
21 ~ 25 岁	0.362	9.94E + 07	0.4183
26 ~ 32 岁	**0.1547 ****	8.64E – 01	**0.1217 ***
家庭年收入（5 万元以下）			
5 万 ~ 10 万元	0.791	2.06E + 07	2.0967

续表

解释变量 （括弧中为参照组）	留城/回农 村老家	回家乡地级市/ 回农村老家	回家乡县（级市）/ 回农村老家
10 万元以上	1.7685	1.13E+07	5.56E-08
职业类型（体力型）			
技术型	0.6931	0.8424	1.102
智力型	7.16E+07	0.9308	1.5417
来源（省内农村）			
打工城市附近农村	4.76E-09	5.69E+00	2.48E+00
打工城市附近县（级市）农村	3.20E-09	7.46E+06	4.62E+09
吉、黑两省农村	1.86E-09	0.6055	2.56E-08
东北省外农村	2.25E-09	0.6285	1.37E-08
N=123　　LR chi2(63)=65.49　　Pseudo R2=0.2553			

注：表中数字部分的上标 *、**、*** 分别表示在10%、5%、1%的水平下显著，黑体部分表示体现出显著性的变量。

资料来源：本书研究调研数据整理。

7.4　不同类型城市样本影响因素的共性及差异

不同类型城市新生代农民工城市定居意愿的影响因素有共性，但差异明显。

（1）共性

①女性新生代农民工倾向"留城"。在务工的大中小城市，女性均显示出较强的"留城"意愿。首先，从家乡来到城市的青年女性，对于城市的现代性有更多的倾慕。其次，从所在调研地区来讲，女性新生代农民工多从事传统的生活服务业，城市有就业需求，她们易找到工作。最后，女性较男性更可能通过婚恋渠道留在务工城市。

②"大龄"新生代农民工倾向"回农村老家"定居。在三个类型城市样本中，26～32岁年龄段的新生代农民工都倾向"回农村老家"定居。一方面，这一务工群体有更多婚姻和家庭的考虑，对于"进城"定居的闯劲和冲动较其他年轻年龄段的务工者要弱一些；另一方面，可能这部分人群是新生代农民工中的兼业型务工者，出外务工以增加农村家庭收入为主要目的。

③新生代农民工的家庭经济条件显著影响其在城市定居。在三个不同类型的务工城市中，新生代农民工无论是打算留在务工城市，还是去家乡的中小城市，一般来说，均需要购房才能安居，这已成为农民工进城的首要障碍。

④属地就近定居趋势显现。来自打工城市附近农村的务工者倾向"留城"，来自打工城市附近县城农村的务工者倾向回家乡中小城市定居。无论是在大城市还是在中小城市务工，来源地与务工地的距离因素均显著影响新生代农民工选择就近

定居。

（2）差异

①对于在大城市打工的新生代农民工，其家庭年收入对其选择去家乡中小城市显示出显著性，而在地级市打工的新生代农民工，其家庭年收入对促进其"留城"体现出显著性。表明了新生代农民工家庭经济条件与大城市房价等生活成本差距巨大，以至其家庭经济条件对其留在大城市定居没有体现出显著性，而中小城市定居成本的适宜性，决定了其家庭经济条件对其定居体现出显著性。

②从职业类型看，在大城市打工的新生代农民工，从事技术型和智力型工作者倾向"留城"定居，而对于地级市，从事体力型工作人群倾向"留城"定居。这可能与调查中地级城市务工的新生代农民工也多从事销售员、服务员等工作相关，这些在统计中都被归为体力型人群。在采访中了解到，大中城市中国营正规大厂多不招农民工或是所招的农民工文化程度多在大专以上，本书研究中的新生代农民工未包括大专以上的文化程度者。

③从来源地与打工城市的距离看，在大城市务工的东北三省外的新生代农民工倾向回农村老家定居，在地级市务工的东北三省外的新生代农民工倾向回家乡中小城市定居。

这一发现也较有趣，这可能与新生代农民工在务工城市所培养起的城市情结有关。大城市的现代性与外省农村的传统性差异巨大，来自外省的农村青年在这里感觉只是"过客"，只是"打工的"，对务工城市的情结较少。而在中小城市，新生代农民工与务工城市之间的交流更多，即便不能留下，也在这里培养起对城市生活的向往和依恋，未来可能回到类似的家乡附近城市定居。

第8章

促进新生代农民工城市
定居的政策探讨

本章将从住房政策、就业政策及大、中小城市的差异化策略三个方面对引导和促进新生代农民工定居城市在政策层面进行探讨。

8.1　促进新生代农民工城市定居的住房政策

本书研究发现，新生代农民工的家庭经济条件对其在城市定居影响显著。在中小城市的务工者，其家庭经济条件好的"留城"趋向增强；在大城市务工的务工者，其家庭经济状况好的，定居家乡中小城市的倾向性增强。从现实来看，家庭经济条件对新生代农民工未来定居选择的影响主要体现在个体及家庭的城市购房能力上。"安居"才能"乐业"，如何保证新生代农民工在城市住得上"正规的"居所，如何让他们买（或租）得起城市的房子？这是新生代农民工"市民化"必须面对的问题。

稳定、舒适的居所是新生代农民工定居城市的基本保障。有房才有家，但我们看到，目前外出农民工的居住模式离"家"的概念还很远。2012 年全国农民工监测调查显示，目前外出农民工以雇主或单位提供住宿为主，四成外出农民工的雇主或单位不提供住宿也没有住房补贴。农民工对于城市的居住环境只能是"能住就行"，或"将就着住"，至于对城市的经济适用房或廉租房，他们或是没听说过，或是根本不作设想。

目前农民工的城市住房问题集中体现在三个方面：一是农民工收入低无力买房或承租城市商品房；二是农村土地政策与农民工城市化的趋势不相适应，农民手中被赋予的土地资本得不到升值；三是农民工被排除在城镇住房体系之外，不能享受城市经济适用房、廉租房等保障性住房。

本章节将从改革目前农村土地权益和促进城市政府为农民工提供保障性住房两个方面在宏观政策层面上进行探讨。

8.1.1　农村土地权益的资本化与农民工定居城市

从市场因素来看，按照国际惯例，房价收入比（Housing Price‐to‐Income Ratio）在 3～6 倍之间为合理区间，而我国大部分大中城市房价收入比都已超 6 倍，一些一、二线城市的比率都超过了 20 甚至更高。部分城市居民尚且成了"房奴"，何况是工资低且工作不稳定的农民工呢？城市青年可以"啃老"，但即便青年农民工也可以"啃老"，又怎耐一些大中城市的动辄每平方米 6 000 元以上的房价，也是让他们"望房兴叹"。因此，为促进农民工定居城市，城市政府为其提供保障性住房的方式确实能够发挥过度和稳定的作用，但中国人的传统观念是"有房才有家"，目前中国人仍将拥有自己的房子作为生活稳定和自我价值实现的一个标准。因此，如何增加农民工的收入，让其买得起房子，也是解决目前农民工进城定居问题的关键。

不容否认，近年来随着城市房地产产业的迅速发展，一部分城市居民在住房增值和住房投资中受益。我们可能会问：农民有什么？他们凭什么进得起城？答案可能就是"土地"。但目前农村土地政策与城市化趋势不相适应，农民的土地承包经营权、宅基地使用权不能转换为获得到城市生存发展的资本。农村土地制度的僵硬特性已成为阻碍农民工实现迁徙自由的障碍。

2013 年中央"一号文件"提出要"改革农村集体产权制度，有效保障农民财产权利"，明确指出要建立归属清晰、权能完整、流转顺畅、保护严格的农村集体产权制度，依法保障农民的土地承包经营权、宅基地使用权、集体收益分配权。2014 年中央"一号文件"进而提出，要稳定农村土地承包关系并保持长久不变，在坚持和完善最严格的耕地保护制度的前提下，赋予农民对承包地占有、使用、收益、流转及承包经营权抵押、担保权等。在落实农村土地集体所有权的基础上，稳定农户承包权、放活土地经营权，允许承包土地的经营权向金融机构抵押融资。在农民宅基地的财产权方面，提出改革农村宅基地制度，完善农村宅基地分配政策，在保障农户宅基地用益物权前提下，选择若干试点，慎重稳妥推进农民住房财产权抵押、担保、转让。

2011年7月，中国人民银行贵阳中心支行在贵州启动农村土地承包经营权和宅基地使用权抵押贷款试点工作，在荔波等13个城镇化发展较快和农业产业化程度较高的试点县（市），借款人可以拿土地承包经营权和农村宅基地使用权作为抵押担保，向金融机构申请贷款。黔南州荔波县8户农户以宅基地使用权、1户农民专业合作社以土地承包经营权为抵押，共获得当地农村信用社160万元贷款用于发展乡村旅游和农业产业化项目。2012年，云南省经过在6个县（市）区启动了"三农"金融服务改革创新试点工作，积极引导涉农金融机构开展以林权和土地承包经营权、宅基地使用权与农房"三权三证"抵押融资为重点的"三农"金融服务改革创新试点工作。这样，农民工一方面可以在增加自身拥有的农村土地、房屋资产收益的基础上，通过市场化方式在城市买房或租房。另一方面还应在尊重农民工意愿的基础上，探索农民工农村土地、宅基地的退出机制，让农民工得到一次性补偿后，"利落"进城。

只有让农民工的土地和住房流动起来，才能提高稀缺要素的配置效率，才能提高农民工的福利水平（卓勇良，2009）。保障农民集体经济组织成员权利，积极发展农民股份合作，赋予农民对集体资产股份占有、收益、有偿退出及抵押、担保、继承权。保障农户宅基地用益物权，改革完善农村宅基地制度，选择若干试点，慎重稳妥推进农民住房财产权抵押、担保、转让，探索农民增加财产性收入渠道。建立农村产权流转交易市场，推动农村产权流转交易公开、公正、规范运行。以下是对一些促进农民土地权益资本化的一些做法进行梳理，主要有：

①允许和推进土地使用权的"自主"出让，让农民工以这种方式出让的货币收入，或者是定向使用的证券，在打工地购房定居。如采用定向使用证券的办法，可以由打工地政府向中央政府换取建设用地使用指标。这既解决了农民工宅基地或承包地的流动性问题，也使城市发展增加了建设用地。

目前农民工"离乡不离土"的这种解决"三农"问题的方式，短期来看能够使农民工在城、乡两地受益；但从长期来看，却引致了土地要素配置不合理，农民工难以在打工地或其他城市定居，城市化水平难以提高等问题，从整个社会来看，城市化总成本可能反而较高。而通过土地使用权流转"进城"的办法，一次性地解决农民工和土地的关系问题，避免了要素配置不合理的长期成本，总成本可能反而较低。通过乡—城土地要素的"增减挂钩""占补平衡",一方面解决了农民工进城买房的资金难题,另一方面也缓解了城市工业化、城镇化发展中所面临的土地制约问题,也可使地价降下来,使住房价格回归到合理的水平。

②宅基地使用权流转及"宅基地换房"。一方面,承认农民宅基地的使用权,并使其可以在市场上自由流转,从而为自己在城市购买住房积累一定的资金。同时做好宅基地的退出机制与城市住房保障的进入机制之间的衔接工作,保障新生代农民工在农村宅基地财产转移的同时,能够顺利进入城市住房保障系统。支持农民工利用宅基地交易的收益在城镇购买限价房和经济适用房。

另一方面,由农民自愿按照规定的置换标准以其宅基地换取城镇住宅。例如,天津市、杭州市用"以宅基地换房"的方式建设新型的小城镇,规定农民以其宅基地换取小城镇中的一套住宅,迁入小城镇居住,农民原有的宅基地统一组织整理复耕,实现"占地与补地平衡"。不仅有效地解决了农民市民化的城市住房问题,而且有效地节约了土地资源。

在本书调研的过程中,我们发现,与一般认为的新生代农民工会对土地的情感淡化不同,在城市化加速推进的背景下,他们还是很在意家乡的"一亩三分地"的增值潜力的。他们不愿意为了进城而轻易放弃农村的土地。因此,要禁止违法收回、调整、强迫农民转让承包地,始终使农民工在自愿、自由的基础上进行乡—城之间的流动与迁移，在尊重农民工定居意愿、维护农民工土地权益的基础上进行政策上的探索。

8.1.2 城市保障性住房与农民工定居

2010 年中央"一号文件"提出要多渠道多形式改善农民工居住条件，鼓励有条件的城市将有稳定职业并在城市居住一定年限的农民工逐步纳入城镇住房保障体系。对于"农民工进城定居谁来支付成本"的问题，中国社会科学院农村发展研究所所长张晓山（2004）指出，农民工对城市 GDP 的贡献已被承认，他们对公共服务和社会福利的需求（国家应承担的部分）也将由城市的公共财政加以解决，这将是统筹城乡经济社会发展的一个重大战略性举措。农业部部长韩长赋（2010）提出，在城市稳定就业、居住一定年限的农民工应纳入政府廉租房、经济适用房、限价商品房等国家住房保障政策体系，或者出台针对性强的农民工公寓建设的支持政策。韩俊在 2012 年 8 月召开的"中国保障性住房政策国际研讨会"上提出，解决农民工的住房问题是中国扩大内需的一个重要手段，也是改善民生的迫切需要，更是建设和谐社会的重要标准。他还指出，中国的保障性住房政策的难点和重点在农民工身上。解决好农民工的住房问题，是我国在制定住房保障政策时需要优先考虑的问题。

根据保障人群收入水平的高低差异，我国的保障性住房大体上分为限价房、经济适用房、公租房和廉租房等几类。考虑到经济适用房和限价房存在一定的盈利空间，廉租房和公租房则需要更多的政府补贴。2008年成都市出台进城务工农民申购经济适用房具体操作办法，条件是需连续缴纳综合社会保险或城镇职工社会保险2年以上、首次在城镇购房、成都户籍。这种准入条件明显过于严格。甘肃省出台的《2012年保障性安居工程建设和对城市住房困难家庭发放廉租住房租赁补贴实施方案》的实施范围包括了"外地来甘工作、进城务工的无住房人员"，但也没有出台明确的准许标准。中共十八届三中全会做出的《中共中央关于全面深化改革若干重大问题的决定》要求要"稳步推进城镇基本公共服务常住人口全覆盖"，为农民工在务工城市享有安居权利指明了政策方向。可喜的是，有些省份已显示出了政策向好的势头。四川省在2014年继续实施"百万安居工程建设行动"和"农民工住房保障行动"，计划开工建设公共租赁住房（含廉租住房）10万套，将2014年竣工公共租赁住房的30%定向提供给农民工。

目前我国保障性住房建设中的顶层设计中已日渐考虑到在城市生活和工作的大量外来人口，尤其是进城务工农民的住房问题；中央城镇化工作会议要求，要"建立财政转移支付同农业转移人口市民化挂钩机制"，继而也会激发地方政府对于此方面工作的积极性。2014年2月，国家住房城乡建设部住房保障有关负责人表示，由于农民工流动性比较强，收入相对较低，其住房问题是我国快速城镇化过程中表现出来的一个重要的社会问题。解决农民工的住房困难问题，一方面要坚持市场化的方向，要充分发挥市场在住房资源配置中的决定性作用，鼓励有一定支付能力的农民工根据自身的需要在市场上租房或者买房；另一方面要强化政府乃至于企业的责任，为农民工提供保障性住房，满足他们基本的住房需要，解决他们的住房困难。2014 年 3 月《国家新型城镇化规划（2014～2020 年）》中明确提出要采取廉租住房、公共租赁住房、租赁补贴等多种方式改善农民工居住条件。

让农民工享有城市保障性住房的城市福利，是解决目前农民工在城市住房困境的重要方式之一。具体来说，建议从以下几个方面展开工作：

第一，必须正视我国城市化过程中大量农村人口向城市流动迁移的现实，要从城市发展、社会和谐及百姓利益角度考虑农民工进城定居问题，取消将本地户口作为申请保障性住房的前置条件。要加大保障性住房的建设力度，特别是公共租赁住房的建设力度。《国家新型城镇化规划（2014～2020 年）》中已提出"农民工集中的开发区和产业园区可以建设单元型或宿舍型公共租赁住房"。还有，地方各级政府要改善农民工居住相对比较集中的居住区的基础环境，既包括基础设施条件也包括公共服务环境。

第二，建立农民工住房信息的数据管理系统，反映城市农民工从业人员的数量变动以及各类住房的存量、价格、住房获得方式等情况。要实现进城务工的新生代农民工对享受城市保障性住房的预期。各务工城市要根据本市实际情况规定农民工可逐步享有的住房政策，用人单位及务工城市政府都有责任为农民工在城市务工期间提供"人性化"的居住条件。如可规定农民工在该城市从业1年以内，可暂时由雇主负责提供临时性的住房；在务工城市工作年限为1~3年的可申请享有城市的廉租房，3~5年的可以租用条件较廉租房好、价格较同等条件下的市场租金价格低的"经济租用房"，工作年限超过5年的可以申请购买城市的经济适用房。

第三，要强化用工企业的责任。用工量比较大的、用工比较集中的企业，应该为农民工提供安全、卫生的生活和居住设施。农民工比较集中的工业园区可以集中建设农民工公寓或是农民工宿舍，一部分企业也可以在自用土地上建设一定比例的公共租赁住房。

第四，要扩大各类保障性住房的资金来源并做好建设地点的选择。中共十八届三中全会通过的《中共中央关于全面深化改革若干重大问题的决定》要求，允许地方政府通过发债等多种方式拓宽城市建设融资渠道，允许社会资本通过特许经营等方式参与城市基础设施投资和运营，研究建立城市基础设施、住宅政策性金融机构。这为解决城市保障性住房"钱从哪里来"的问题指明了方向。城市要在税收、土地规费、银行信贷上进行政策倾斜，吸引各种社会资本（企业、农民工集资）投资于保障性住房建设。

在建设地点的选择上，要在政府引导住宅开发企业合理规划的基础上进行，住宅开发企业根据城市规划和土地供应情况进行选址，如城市主要住宅小区附近、城乡接合部的城镇社区等。要为农民工兴建集居住、文化、教育、卫生服务设施于一体的宜居社区，避免与当地居民的人为居住隔离，以促进社会融合。另外，为减轻政府的资金压力，当前由政府出面统一收集（购买和租借）居民的已出租和空闲住房，再按统一价格（加一定补贴）出租给外来农民工，也是一种灵活的做法。

最后，目前一些拥有稳定工作的农民工已享有用人单位的住房公积金待遇，因此要将农民工的住房公积金纳入国家统筹，以便农民工可以利用这笔钱租赁或购买城市住房。

8.2 促进新生代农民工定居城市的就业政策

本书研究发现如固定店铺小业主、包工头、公司管理人员等智力型新生代农民工更易"留城"；在大城市打工的新生代农民工，从事技术型和智力型工作的倾向"留城"定居。因此，提高新生代农民工城市化过程中的职业素养是促使其在合宜的城市长久"安居"的必要条件。

新生代农民工在我国经济社会发展中日益发挥着主力军的作用。他们已经成为我国产业工人的重要组成部分，他们的未来流向和发展一方面影响着我国城镇化的方向、水平和质量，另一方面无论是留在打工城市定居，还是去家乡中小城市等其他城市，就业都是摆在农民工个人及政府、企业等面前的大事。新生代农民工就业稳定性和在城镇生存和发展能力将影响其在城市安居的稳定性，影响我国城市各产业的持续、协调发展。朱宇（2012）指出，我国目前以劳动密集型行业为主要驱动力的经济发展模式，以及在此模式下流动人口在次级劳动市场高度集中的状况，导致两代流动人口都还无法摆脱就业不稳定、社会保障水平低、在城市的生存能力有限的状况，从而限制了包括新生代流动人口在内的流动人口群体的流迁模式向永久性迁移转化。

8.2.1 就业能力的提升

本书调研的新生代农民工中高中及技校文化程度占27.76%，初中文化程度占65.64%，样本中有28.68%的务工者曾学过某项技术。虽然新生代农民工文化素质和接受技能培训的水平和状况已有所改善，但整体水平仍偏低。普遍较低的文化素质很大程度上限制了他们的就业范围，新生代农民工依然是劳动力市场中的弱势群体，劳动力市场上找不到工作与社会部分职业出现"用工荒"现象并存。国际、国内产业结构不断升级和梯度转移,对技能人才特别是高技能人才的需求剧增与新生代农民工技能素质偏低的矛盾越来越突出。这对欲在城市发展的新生代农民工来说,既是机遇又是挑战。职业技能培训是提高新生代农民工素质的重要手段,是改善其知识结构和专业技术水平,不断提高其就业能力、创业能力和职业转换能力的有效途径。政府、企业、社会应多管齐下,做好新生代农民工的培训工作。

就业在农民转化过程中处于基础地位,是转化为新型市民的关键(邹农俭,2013)。2006年国家于《国务院关于解决农民工问题的若干意见》中首次提出加强农民工职业技能培训,提高农民工转移就业能力和外出适应能力。支持用人单位建立稳定的劳务培训基地,发展订单式培训。提出输入地要把提高农民工岗位技能纳入当地职业培训计划。2008年金融危机爆发后,国内部分企业生产经营遇到困难,就业压力明显增加,相当数量的农民工开始集中返乡,给城乡经济和社会发展带来了新情况和新问题。国家强调要做好返乡农民工的技能培训和职业教育工作。2010年《国务院办公厅关于进一步做好农民工培训工作的指导意见》提出按照培养合格技能型劳动者的要求,逐步建立统一的农民工培训项目和资金统筹管理体制,使培训总量、培训结构与经济社会发展和农村劳动力转移就业相适应;到2015年,力争使有培训需求的农民工都得到一次以上的技能培训，掌握一项适应就业需要的实用技能。2010 年以来，众多省（区市）也都开展了旨在提高农民工就业能力的培训工作。2014 年发布的《国家新型城镇化规划（2014～2020年）》中也提出了"农民工职业技能提升计划"，要加强农民工职业技能培训，提高其就业创业能力和职业素质。

近些年来，对农民工进行职业培训，提升其职业素质和能力的活动也在逐步开展。如广东作为农民工就业大省，"80后""90 后"新生代农民工约 2 000 万人。2010 年的"北大100"（在广东省内遴选百名优秀新生代农民工代表，全额资助他们攻读北京大学网络远程教育本科学位）开始启动广东农民工"圆梦计划"。上海于 2011 年 10 月 25 日，为首届 1 000 余名新生代农民工学员举行了初级工商管理（EBA）培训开学典礼。旨在培养一批复合型、创新型基层一线农民工骨干，提高农民工队伍基本素质，为新生代农民工的成长成才打造一条绿色通道。北京市也在开展力争五年内资助万名优秀农民工上大学活动。

劳务输出大省安徽省在 2013 年开展了职业培训年系列活动，全年实施就业技能培训 30 万人，组织企业职工岗位技能提升培训 30 万人，培养技师 6 000 人，培训高级工 5.4 万人，其培训对象包括了农民工在内，使广大农民工职业技能得到提升。2013 年安徽省还开始推进建筑工地农民工业余学校制度化、规范化、标准化建设，促进全省农民工享有更多"充电"

学习机会。并将职工教育培训经费列为工程项目招标投标中不可竞争费用，保障农民工业余学校建设、教学经费必需开支。

从国家及地方上的农民工培训政策及实践中，我们感觉到农民工培训工作日益得到国家及地方政府的高度重视，也取得了一定成效。但如表 8 - 1 所示的我国农民工目前所受培训的状况，要达到"到 2015 年，力争使有培训需求的农民工都得到一次以上的技能培训，掌握一项适应就业需要的实用技能"的目标，还有更多实际的工作要扎实展开。

表 8 - 1　　　2012 年不同年龄组农民工参加培训情况

	参加过农业技术培训（%）	参加过非农职业技能培训（%）	两项培训都没有参加过（%）
16～20 岁	4.0	22.3	76.0
21～30 岁	6.2	31.6	66.0
31～40 岁	11.0	26.7	68.0
41～50 岁	14.9	23.1	69.5
50 岁以上	14.5	16.9	74.5

资料来源：《2012 年全国农民工监测调查报告》。

首先，要加大政府对新生代农民工职业技能培训和创业培训的投入力度。政府应在继续加大教育支出的同时，改革劳动预备制度，将培训内容、培训方式更好地与市场接轨。在农民工就业前培训上，要在加大对农民工培训投入的基础上，整合分散的培训资金，积极构建以就业效果为评价标准的培训体制机制，由农民工自主选择培训机构，切实提高职业培训的质量和效果。建议将农民工培训列入各级政府政绩考核的内容之一。

其次，要积极鼓励企业对新生代农民工进行职业技能培训。在产业转型和经济加速发展的形势下，人力资本已成为企业最重要的竞争要素。对新生代农民工进行职业技能培训，在短期内虽然会增加企业的用工成本，但长期来看，开展有针对性的技能培训有利于企业在激烈的市场竞争中保持持久的发展动力。在农民工的在职培训上，用人单位要根除"一厂两制"现象，主管部门要监督企业按规定提取一定比例的职工工资用于职工培训，将农民工的在职培训和晋升纳入企业员工的发展规划中，打通农民工在体制内的上升通道。

最后，应以市场需求为导向，整合教育资源，构建适合农民工就业灵活性、需求多样性、技术实用性、市场导向型、成本低廉型的多元化、梯次培训机制，促进政府、企业与职业技术院校开展针对农民工的职业培训。建议让初中、高中毕业后未考取大中专院校的学生免费接受一次职业教育，对于已经进入劳动力市场的农民工要让其有机会接受初级或中级职业技能培训。鼓励农民工参加技术等级考试和自学考试，使其能掌握好一至两门实用技能。要针对新生代农民工不同的文化层次，采取多元的培训方法，将长期培训与短期培训相结合、在职培训与脱产培训相结合，不断拓展培训内容，提高培训水平。

要通过教育培训提升新生代农民工个体人力资本存量，不断增强其就业能力，提高新生代农民工群体的市场竞争能力，提高整体就业能力和水平。只有这样，才能保障新生代农民工的就业稳定性和自身发展的可持续性，从而实现其由无技能、低技能的"亦农亦工"向高技能的"新型产业工人"成功转型。

"乐业"才能长久地"安居"，尊重新生代农民工的城市化意愿，只有政府、企业、社会组织及农民工自身联动，提升他们的就业技能，为新生代农民工提供更多的就业机会和发展空间，才能让他们在合宜的城市工作、生活、发展，更好地立足城市、融入城市，为城市的发展做出更大的贡献。

8.2.2 就业机会的创造

如图 8-1 所示，新生代农民工希望在其城市务工期间从政府那里得到的各项帮助中与就业相关的如"更多的就业机会""保护劳动合法权益"排在了前列。因此，本小节将从部分就业机会的创造、就业能力的提升及劳动权益的保护三个方面就改变新生代农民工就业状况、促进其定居城市进行政策分析。

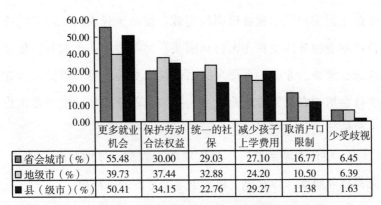

	更多就业机会	保护劳动合法权益	统一的社保	减少孩子上学费用	取消户口限制	少受歧视
■省会城市（%）	55.48	30.00	29.03	27.10	16.77	6.45
□地级市（%）	39.73	37.44	32.88	24.20	10.50	6.39
■县（级市）(%)	50.41	34.15	22.76	29.27	11.38	1.63

图 8 - 1　新生代农民工对政府的希望

资料来源：本书研究调研数据整理。

目前，我国城乡劳动力市场仍处于分割状态之中。收入待遇高、劳动条件好、就业稳定、福利优越、升迁机会多的高级劳动力市场中的就业机会绝大部分由城市劳动者所获得，而那些工资收入低、工作环境差、福利低、升迁机会渺茫的次级劳动力市场才是农民工的"地盘"。新生代农民工与第一代农民工一样，依旧从事着城里人不愿意干的"脏""苦""累""危"的职业，且就业极不稳定。而且目前大中城市对外地劳动力歧视的做法也时有发生，外地劳动力和本地劳动力不能在同等的条件下竞争。

另外在调研中我们发现，各城市劳动力市场的人才大厅，对农民工也是开放的，但他们仍在距离人才大厅不远的地方成立了自己的小市场。一方面是由于受制于自身职业技能且较少受益于国家提供的就业培训的实效，使新生代农民工对于城市公共就业服务的便利还未尝到甜头；另一方面，他们觉得依靠亲缘、地缘、业缘关系得来的工作信息更为可靠。因此，为在全社会增加农民工的就业机会、提高其就业质量，本书提出以下政策建议：

☆ 要建立城乡统一、平等就业、规范有序的劳动力市场，完善就业制度，为农民工就业创造公平的制度环境。

①提高劳动力市场的信息化水平。近些年来，随着网络、信息技术的发展，各种为农民工及用工企业服务的网站纷纷建立，如"民工网"（全国各省区）、"安徽农民工就业网"等，及时发布全国性或地区性的劳动力供求信息，促进各地区、各行业、各城市就业信息共享，为用工单位和农民工提供就业信息。为广大农民工及用工企业带来了便利。

建议输出地政府应建立起有效的监测制度，掌握本地区农民工的数量、就业意向等信息。同时用工单位可以与输出地政府之间搭建起人力资源市场信息共享平台，通过互联网等各种渠道发布供求信息，减少农民工信息搜寻成本，促进农村劳动力合理有序流动。

②要按照统筹城乡就业的原则，把农民工纳入输出地、输入地的公共就业服务范围。为提高农民工对公共就业服务机构的利用效率，可在公共就业服务机构开辟针对农民工就业供需特点的专场服务，如保姆专场、建筑装修行业专场等，提供政

策咨询、就业信息和职业介绍等基本服务，让农民工在城市的公共服务机构真正感受到社会对他们的需求和关爱。

③可根据当地劳动力技术特点，输出地政府帮助农民工大力打造地方劳务品牌，规范服务、提供专业培训、搭建供需平台等，如湖南省的"湘潭技工""桃江保姆"和"长江湘菜厨师"等品牌在全国已经享有名气，形成了当地农民工良好的市场信誉和竞争力。

☆ 要充实我国城市化的产业支撑。城市化具有内生的就业机会创造机制，要进行以就业为取向的城市主导产业的选择。

①应在大力发展第二产业中劳动密集型产业的同时，发展城市第三产业，特别是发展吸纳新生代农民工较多的批发、零售、贸易、餐饮业、社会服务业等生活服务业。据国家统计局数据，第三产业增加值占国内生产总值的比重从 2002 年的 41.5% 提高到 2013 年的 46.1%，第三产业增加值占比首次超过第二产业。2013 年第三产业占 GDP 的比重比上年提高 3 个百分点，服务业对经济增长的贡献明显提高。但目前我国服务业水平与发达国家 74% 的平均水平相距甚远，与中等收入国家 53% 的平均水平也有较大差距。因此，我国第三产业发展势头强劲，但任重道远。因此要细化社会分工，创造新型的社区服务组织，找到更多的服务内容，从而发掘更多的就业岗位，吸纳更多的农民工服务城市，在城市中发展。

②要培育各种经济形式的中小微企业，特别是要发挥非公有制经济主体对劳动力的吸纳作用。万东华（2011）指出，我国中小企业提供了近80%的城镇就业岗位，创造的产值占GDP的约60%，上缴税收占全国总税收的约50%，全国65%的发明专利和80%的新产品都是由中小企业研发的。今后中小企业的发展将对缓解和解决农民工就业困境发挥关键作用。因此要加大对中小企业在土地使用、资金借贷、税收等方面的扶持力度，帮助解决中小企业在发展上所遇到的困难，使其成为吸纳农民工就业的主战场。尤其要鼓励和吸引中小微企业落户中小城市，吸纳（新生代）农民工就近就业。

③发展城市（镇）产业集群，形成不同规模城市之间的纵向产业链，以利于农民工在不同规模城市就业、安居，进而实现市民化。2013年12月的中央城镇化工作会议提出了我国"两横三纵"城市化格局，将为城市间的产业协同发展创造条件。

由本书研究可知，新生代农民工去中小城市定居的倾向明显，但我们发现有"一技之长"的新生代农民工多去大城市打工，中小城市的就业机会有限、发展空间有限的短板必须加以重视，吸引更多的新生代农民工来此就业、创业、"安居乐业"。因此，大、中小城市的城市规划、产业协调必须统筹进行，特别是不同类型城市之间的纵向产业链条的培育，在东南沿海及大城市产业升级的过程中，内陆及外围中小城市要做好产业的承接准备，使城市的产业支撑与人口城市化、土地城市化相互促进、协调发展。

　　☆ 要鼓励农民工创业，以创业带动就业。本书调研发现，新生代农民工回乡创业意愿强烈，在652位被访青年中，打算回乡创业的比例占到了样本的42%（如图8-2所示）。辜胜阻（2010）指出，政府要把中小城市和县城作为中西部返乡农民工创业的重要载体，积极鼓励农民工返乡就地创业，改变农民工长期"候鸟"型流动方式，帮助一批具有创业潜能的农民工实现"创业梦"和"安居梦"。由于非沿海的中小城市的生活成本低，很多行业远未饱和，创业空间大。目前，新生代农民工返乡创业具有主客观上的有利条件。从主观条件看，他们通过在城市的务工经历，自身的人力资本得到了提升，眼界开阔，

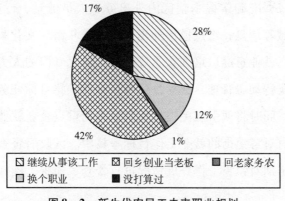

图8-2　新生代农民工未来职业规划

资料来源：本书研究调研数据整理。

思想观念新鲜、灵活，且多具备一定的技术和信息积累。务工带回的工资及父辈对其的经济支持将成为其创业的主要资本来源。新生代农民工在城市的打工经历既是创业的基础和条件，也是创业的原动力。而且从宏观环境看，各级政府的鼓励支持和提供服务是回乡民工创业的保证。

目前随着中西部地区经济的发展及国家区域发展政策的指引，部分省（区市）已开始实施返乡农民工创业工程，"筑巢引凤"。如重庆渝北区计划通过宣传回引、对接回引、市场回引、政策回引、服务回引，建立促进农民工返乡就业创业的长效工作机制。2014 年，全区计划从市外回引农民工返乡就业创业 1 200 人，其中 10% 到重点企业就业，力争实现有意愿转移就业的每户农村户籍人员中有 1 人在主城就业创业的目标。建立人力资源数据库，各镇街依托村居公共就业服务平台、劳务经纪人等，准确掌握本辖区内外出务工人员数量、行业工种、务工区域等信息；重点摸清外出务工人员年龄、文化程度、技能状况、就业意愿、培训意愿等情况，建立专门的人力资源数据库，实行动态管理。建立目标考核制度，将目标任务分解到各镇街，同时将回引农民工就业创业和到重点企业就业情况纳入区政府对各镇街的就业工作目标考核中。区政府督查室和区人社局定期对镇街工作开展情况进行督查、通报，确保完成目标任务。

贵州省铜仁市为引导和扶持外出务工人员返乡就业创业，

该市 2013 年和区（县）、乡（镇）三级联动，开展了诸多行之有效的活动。一是积极进行政策宣传、发布就业信息、举办用工招聘会等。二是加大了对返乡人员的技能培训力度，共培训农村劳动力 1.5 万人，其中，有 2 600 余人进入工业园区就业，对 1 500 余人进行了创业培训。三是降低了返乡就业创业门槛，出台返乡就业创业的优惠政策，并将各种优惠落到实处，结合就业小额担保贷款、"3 个 15 万元"微型企业发展扶持政策等，帮助他们解决资金困难。2013 年，贵州省铜仁市从 100 万外出务工大军中吸引了 12 万余名农民工返乡就业创业。目前，这些在发达地区掌握了一技之长的"孔雀"，回归之后正用勤劳的双手构筑美丽的"鸟巢"。

8.2.3　劳动权益的保护

虽然近年农民工工资、福利待遇和劳动权益问题已得到改善，但必须看到，当前新生代农民工劳动权益得不到保障的问题依然存在，如未按月及时、足额发放工资，超时工作、极少享受带薪休假、用人单位不按规定签订劳动合同等。每年年终岁末，农民工工资发放问题都会引发一个农民工维权的"小高潮"，为确保农民工按时足额拿到工资，维护农民工合法权益和社会稳定，人力资源和社会保障部、住房城乡建设部等六部门联合下发《关于开展农民工工资支付情况专项检查的通知》，决定从 2012 年 11 月 26 日至 2013 年 1 月 31 日，在全国组织开展农民工工资支付情况专项检查。尊重、保护农民工依法享有的劳动权益相关方依然要多作为。

首先，包括政府、用人单位在内的社会各界要改变个别歧视农民工群体的传统观念，增强社会责任意识和公平意识，以包容、尊重、平等的态度看待农民工"进城"。农民工已成为城市产业工人不可或缺的组成部分，他们为城市的发展做出了贡献，保护他们在城市工作中的合法权益，是社会公平正义的应有之义。

其次，应强化相关法律政策的贯彻执行。严格执行《劳动法》，要监督用人单位必须与农民工签订劳动合同。各级城市劳动保障机构要进一步强化劳动保障监察力度，严厉查处对农民工的违规侵权行为。建议建立对用人单位和劳动场所的日常监督检查机制，建立完善举报制度，为维护新生代农民工劳动权益提供制度保障。

最后，要建立、健全国家、各级政府乃至用人单位的农民工工会，充分发挥各级工会在督促企业规范用工、协调劳动关系、改善工作环境、落实工资发放、组织开展安全教育和培训等的重要作用。由于农民工整体文化水平较低，遇到合法权益受到侵害时往往不知道向哪个部门求助，尤其是对于异地务工人员，这一问题尤为突出。各级工会组织应进一步畅通农民工诉求渠道，确保当农民工的权益遭受侵犯时，有人管、管得了、管得好。也可允许农民工依法成立农民工自己的群众性组织，增加农民工自己解决自己问题的能力，化被动保护为主动保护。

8.3 大、中小城市吸纳新生代农民工定居政策探讨

本书研究发现了新生代农民工倾向选择中小城市定居的趋势，且倾向在家乡中小城市"属地就近"定居。特此对促进新生代农民工定居大、中小城市的政策进行相关探讨。

促进并引导农民工定居城市，与中国的城市化发展战略的政策导向密切相关。有研究指出，现阶段严重的收入和地区不平等、大城市具备的良好自我发展能力、制度上城市倾向的根深蒂固等现实决定了以大城市作为城市化的"政策主导"既不应该也无必要，否则既不公平也很危险；且小城镇发展的实践、人多地少的国情和小城镇缺乏集聚经济、规模经济等因素决定了以小城镇为"政策主导"也不可行（殷广卫、薄文广，2011）。因此国家在政策导向上，应改变大城市倾向的城市化导向，要对大城市和中小城市采取不同的城市化政策，新时期中国城镇化应充分发挥大城市的核心地位、中小城市的主体作用以及小城镇联动城乡的特殊功能（马晓河、胡拥军，2010）。

147

从全国来看，在东部沿海地区和中西部应采取不同的区域城镇化模式。东部沿海的发达地区应以大都市圈为特征的城市化策略为主导，发展组团式城市结构，通过大都市的辐射能力，把周边的中小城市纳入块状的城市圈内；在中西部地区，应采取据点式城镇化策略，将县城建成具有一定规模效应和集聚效应的中小城市。

因此，大城市与中小城市吸纳新生代农民工定居的政策要在户籍制度、产业引导、优惠政策等方面明确政策的基本导向。

8.3.1 大城市农民工城市化政策建议

我国的大城市多是区域性的政治、经济、文化中心，具有得天独厚的人才、资金、科技的优势，因此技术密集型、资金密集型产业成为大城市产业的主体。这决定了大城市所吸纳的劳动力必须是具有较高知识水平、较高技术层次的人才，进而决定了这里难有农民工的"生存空间"。另外随着城市产业升级，大城市将更倾向发展广告、金融、信息、会展等高端服务业以及传媒、创意等文化产业，而新生代农民工在这些工作上的专业知识水平和工作技能显然是不能适应这样的发展需求的。从创业方面来看，大城市在地租、工资等方面的高成本，使创业面临的门槛较高，农民工中创业的成功者可谓"凤毛麟角"。此外大城市高昂的生活成本也迫使众多向往大城市生活的新生代农民工最终放弃"留城"的打算。

因此，从长远来看，大城市并不是新生代农民工适宜生活、发展的"乐土"。大城市只是新生代农民工积累定居城市资本的"加油站""中转站"，他们最终的安居之地可能会是家乡的中小城市。而从农民工的最终流动结果来看，保持"流而不迁"的兼业型人群将占有相当的比例，这部分有"一技之长"的、被城市产业发展所需要的人群可能绝大部分会在大城市务工。

综上，在大城市对农民工城市化的吸纳政策上，应采取限制性的户籍政策与城市基本公共服务均等化同步推行的政策。

从户籍制度方面，中共十八届三中全会已明确了针对农民工市民化过程中的户籍方面的制度设计。其中提出要"全面放开建制镇和小城市落户限制，有序放开中等城市落户限制，合理确定大城市落户条件，严格控制特大城市人口规模"。这已表明国家针对农民工在不同规模城市的落户政策"有松有紧"。

考虑到农民工在大城市的"城镇化"成本（即平均的社会服务成本）约为10万元，远高于小城市。另外从农民工落户大城市的自身生活成本来看，农民工中也只有一小部分的私营企业主及高技术工人等群体可以有这样的承受能力。因此，大城市对于农民工的户籍吸纳政策应体现城市户籍供给与农民工落户意愿之间的供求平衡。

　　大城市应采取积分制落户等办法，将教育水平、技术资格、工作年限、社保缴纳年限等作为积分内容，优先考虑将农民工中的既有"留城"意愿又有定居能力的务工人员吸纳为城市市民。如中山、深圳、东莞等广东城市自 2010 年起正式实行外来人员积分入户制，以学历、职称、年龄、社保缴纳情况等指标计分，达到一定分数即可申请入户，按分排队。但由于这一政策是针对包括农民工在内的外来人员的，结果是把农民工、博士、硕士，放到同一个平台上进行竞争，这很不公平。对于积分落户制度，高学历、高职称者持欢迎态度，学历不高、在当地多年居住者，抱怨门槛太高，绝大部分底层农民工则对此毫不关心。以深圳为例，2010 年，深圳 1 000 万外来人口中，农民工约占 800 万人，而入围的 3 227 人中，农业户籍者仅占 14%。2013 年 7 月，沈阳市出台政策，准许符合条件的农民工在该市落户。落户条件规定：对长期在沈阳市生活，连续办理《居住证》且参加社会保险达 5 年以上的流动人口，具有合法稳定住所、合法稳定职业的，准许户口迁入；农民工在该市取得相关合法手续并获得公租房，连续实际居住且参加社会保险达 3 年以上的，准许户口迁入。

　　但我们也应看到，在尊重和保证农民工进城落户权益的同时，我们也要考虑农民工在城市的长久生活能力、某一城市的客观承载能力、考虑到国家城市化、工业化的总体战略部署。不是说户籍完全放开，让农民工敞门而入就是最人性化的政策。

因此对于农民工在大城市的入户问题，只能是一边降低准入门槛，一边统一城乡公共服务。

保证农民工在城镇社会保险、同工同酬，劳动合同签订等方面的基本权益，保证农民工在随迁子女教育、住房保障、医疗卫生、计划生育、文化生活、社区服务等方面基本享受市民待遇。

中共十八届三中全会要求，要稳步推进城镇基本公共服务常住人口全覆盖，把进城落户农民完全纳入城镇住房和社会保障体系，在农村参加的养老保险和医疗保险规范接入城镇社保体系。2014 年 2 月，国务院决定将我国现行的新型农村社会养老保险和城镇居民社会养老保险合并，探索建立全国统一的城乡居民基本养老保险制度，这将我国的城乡一体化进程推进了一步。

2014 年，上海出台新政，来沪人员持《上海市居住证》、积分达到标准分值（120 分）且满足其他相关条件的，随迁子女可在学前教育、义务教育和高中阶段招生考试方面，享受与本市户籍居民同等的公共教育服务。

逐步剥离附加在城市户口上的就业、住房、社保、子女教育等的社会福利，推广居住证制度，鼓励人口自由迁徙，让包括农民工在内的流动人口在务工城市享有与当地居民同等的基本公共服务，已经成为我国农民工社会管理的趋势。要建立按照常住人口配置土地、公共设施、预算等公共资源的制度,将农民工纳入常住地公共预算,并逐渐加大对农民工公共预算的存量和增量投入,将农民工纳入政府公共服务体系,使之享受与城镇职工同城化待遇。

8.3.2　促进新生代农民工定居中小城市政策建议

2006 年《国务院关于解决农民工问题的若干意见》指出,中小城市和小城镇要适当放宽农民工落户条件;2010 年中央"一号文件"提出要深化户籍制度改革,加快落实放宽中小城市、小城镇特别是县城和中心镇落户条件的政策,促进符合条件的农业转移人口在城镇落户并享有与当地城镇居民同等的权益。中共十八届三中全会提出要全面放开建制镇和小城市落户限制,有序放开中等城市的落户限制。

考察新生代农民工对中小城市的定居意愿,是研究的重要内容之一。研究发现新生代农民工定居中小城市的倾向明显,其比例占到样本的近 2/3。本书调研还发现,新生代农民工的"留城"意愿明显高于"落户"意愿(如图 8-3 所示)。新生代农民工对城市户籍的态度大多比较淡然,他们认为那象征性的"薄本"并不能给他们带来更多的实惠,找工作、买房子还得靠自己的能力及父辈的支持。

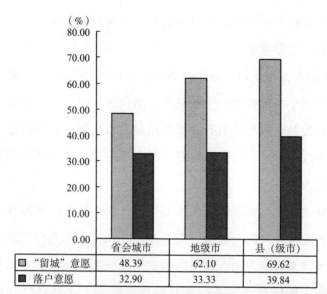

图 8 – 3　新生代农民工"留城"与落户意愿比较

资料来源：本书研究调研数据整理。

2013 年《中小城市绿皮书》指出，截至 2012 年底，中国有建制市 657 个，其中中小城市约占 81%，其总人口达 10.18 亿人，占全国总人口的 75.2%，其经济总量占全国经济总量的 56.8%。目前，中国大城市的交通拥堵、环境污染、资源短缺、城市贫困等"城市病"、当前稳增长、扩内需的宏观调控要求及中国跨越"中等收入陷阱"的历史节点，都为中小城市的发展提供了机遇（郑新立，2012）。《绿皮书》指出中小城市及其直接影响和辐射区域的城市化率远低于全国平均水平，仅为 35.1%。中小城市城镇化发展还明显滞后，与大城市比存在很大差距。中小城市将成为提升城市化质量、推进城市化加速进行的主要战场。

《国家新型城镇化规划（2014～2020年)》指出，要把加快发展中小城市作为优化城镇规模结构的主攻方向，加强产业和公共服务资源布局引导，提升质量，增加数量。目前中小城市吸纳农民工定居应以增加就业机会和推行城市基本公共服务均等化为要务。

首先，中小城市做好承接发达地区及大城市产业转移的准备。就业机会少的"短板"是影响中小城市发挥人口集聚效应的关键因素。一方面，都市圈内的中小城市，要结合本地的资源特色，抓住有利时机在纵向的产业链条上找到自己合适的"位置"。另一方面，要鼓励引导产业项目在资源环境承载力强、发展潜力大的中小城市和县城布局，依托优势资源发展特色产业，夯实产业基础。国家应鼓励民营企业、中小企业落户中小城市，引导中小企业在促进自身发展和国家城市化、工业化建设中发挥大量吸纳劳动力的巨大作用；中小城市政府也应采取优惠的土地、税收政策，与用人单位联合进行上岗培训等政策吸引中小企业来此发展。另外，流入地政府要对进城务工农民"一视同仁"，使他们有机会享有务工地政府、企业提供的就业技能培训。

其次，中小城市的户籍制度改革也应立足于给农民工提供更多的城市基本公共服务上。要加强市政基础设施和公共服务设施建设，教育医疗等公共资源配置要向中小城市和县城倾斜，引导高等学校和职业院校在中小城市布局、优质教育和医疗机构在中小城市设立分支机构，增强集聚要素的吸引力。

在城市扩容的过程中，要对未来吸纳更多的农村人口就业、定居做好全方位的准备，包括城市基本规划，学校、医院、商场、体育馆、电影院等服务场所的建设都要考虑到未来人口城市化的巨大需求，考虑到"新市民"的生产、生活需要和自身的长远发展。

本章从住房、就业及大、中小城市的差异城市化策略三个方面对促进新生代农民工定居城市的政策进行了探讨。"乐业""安居"是意欲定居城市的农民工的基本需求。

从城市"安居"方面，建议按照新生代农民工在务工城市的工作年限给予其对城市不同层次保障性住房的合理预期，农民工保障性住房的选址要考虑到城市规划和人口融合，筹资要以政府为主并举全社会之力等。从农民工自身财产权益的角度，逐步推动农民工农村土地承包经营权、宅基地使用权资本化，在优化城乡土地使用的基础上，解决农民工"进城"的住房问题。

从就业方面看，中小城市通过承接发达地区和大城市的产业转移，在纵向的产业链条上找到适合本城市发展的产业类型和项目；国家在城市和产业发展上给予中小企业更多的支持，中小城市自身采取多种优惠政策将中小企业吸引到自己的区域

"落地生金"，将是增加中小城市就业机会、吸引更多新生代农民工"落地生根"的重要抓手。中央及地方政府、用人单位等相关方携手开展多元、务实、长效的农民工技能培训是提升新生代农民工就业能力的最直接、有效的方式。而提高社会对农民工的平等意识，加强执法以及建立、健全由农民工、用人单位、各级政府、国家共同组成的由下至上的农民工工会，将农民工的劳动权益框入制度的框架中，通畅其利益诉求的渠道等，都是切实保护农民工劳动权益的有效方式。

从大城市的目前及未来产业发展对劳动力的需求及农民工在大城市的创业艰难等方面来看，大城市都不能成为大部分新生代农民工的发展之地。因此，目前大城市对于农民工的吸纳政策要侧重于限制性的户籍制度和为农民工提供基本的公共服务。中小城市的先天和后发优势使其有望成为新生代农民工市民化的"主战场"。中小城市吸纳农民工定居，要在产业发展、创造更多就业机会上下功夫。

第 9 章

结论与展望

9.1 结　　论

本书本着"农民工不一定要在务工城市实现市民化"的观点，将中国农民工的"农民—农民工—市民"的市民化过程"放慢"，提出"农民工—市民"阶段存在一个"农民工选择在哪里实现市民化"的环节。市民化既是过程也是结果，而农民工选择在哪个城市定居则是其实现市民化的必经之路。

通过一对一访谈的实地调研数据，本书对新生代农民工未来定居意愿进行了详细考察，分为留城、回家乡附近城市、去其他城市、回农村老家、不确定几种现实的去向，并对其回家乡附近城市做了进一步的考察，意在探究新生代农民工对家乡中小城市的定居意愿。研究对新生代农民工未来城市定居意愿趋势、主要定居去向的原因、定居意愿转变为定居行为的可能性、不同个体特征定居意愿的差异进行了统计分析。并应用

mlogit 模型实证分析了新生代农民工城市定居意愿的影响因素及不同类型城市样本影响因素的差异及共性。

具体结论如下：

☆ 从新生代农民工城市定居选择原因的统计分析上看，首先，在为何打算"留城"的原因方面，"生活久了，喜欢这里"成为首位原因，其次便是感觉有能力在打工城市"乐业""安居"。其次，在为何"回家乡中小城市"的考虑因素上，距离及住房因素成为最重要的考虑因素。家乡中小城市因离农村老家的近便，可以为新生代农民工带来经济、情感、心理上的更多"效用"，另外中小城市适宜的房价也可极大减轻其城市化的经济成本。

☆ "属地就近"定居成为新生代农民工选择未来定居地的主要倾向，中小城市成为有城市定居意愿的新生代农民工的趋势性选择。无论是"留城"还是回家乡附近城市，新生代农民工都倾向选择属地就近定居。他们对大城市的定居意愿不高，且从大城市产业发展对农民工的吸纳角度和农民工在城市创业的角度看，大城市也不会成为新生代农民工发展的"乐土"。新生代农民工更倾向定居中小城市，且中小城市的先天和后天发展优势也使其能够成为新生代农民工的宜居之地。

☆ 从新生代农民工城市定居意愿的实现程度上，发现有"留城"意愿但未在务工城市购房及有"回家乡中小城市"意愿的两类人群的家庭年收入水平与有"留城"意愿已购房者的水平相近，且这三类人群的家庭年收入状况要远高于"回农村老家"人群。表明有城市定居意愿但未购房人群在从城市定居意愿到城市购房定居行为的实现上有相当的可行程度。

另发现，有"留城"意愿的新生代农民工目前的收入水平已有72.58%达到了所在务工城市城镇居民可支配收入水平，其"留城"意愿转变为定居行为的可能性很大。

☆ 在对新生代农民工城市定居意愿影响因素的考察上看，以家庭年收入水平、老家房产价值为代表的家庭经济条件将对新生代农民工去家乡中小城市定居有显著影响；职业类型较高的智力型务工者倾向"留城"；中小城市的打工者更倾向"留城"定居；"属地就近"原则显著影响新生代农民工定居去向，如来自打工城市附近农村的新生代农民工更倾向"留城"，来自打工城市附近县城农村及东北三省外农村的打工者倾向"回到家乡中小城市"定居。

☆ 三种主要定居去向亚群体具有各自的特征。①倾向"留城"者：女性、26~32岁人群、未婚者、具有较高家庭年收入者、老家无房产价值者、智力型工作人群、已购房或有较好的稳定住所者、与当地人相处融洽者、在务工地工作一定年限者、在中小城市打工的务工者、来自辽宁省内农村的打工者；②倾向"回到家乡中小城市定居"者：男性、21~25岁人群、已婚者、家庭年收入和老家房产价值达到一定水平者、在中小城市务工者、来自打工城市附近县城农村的打工者及来自东北三省外农村的务工者；③倾向"回到农村老家定居"者：男性、26～32岁人群、已婚者、老家房产价值少者、家庭年收入低者、技术型或体力型务工者、在务工城市住宿舍或工棚者、与当地人不接触者、在打工城市务工1年以下者、在大城市打工者、来自辽宁省内农村（非打工城市附近农村及非打工城市附近县城农村）的务工者。

　☆ 不同类型城市新生代农民工城市定居意愿的影响因素存在共性，但差异明显。

　共性体现在：女性新生代农民工倾向"留城"；26～32岁新生代农民工都倾向"回农村老家"定居；新生代农民工的家庭经济条件显著影响其选择在城市定居；来自打工城市附近农村的务工者倾向"留城"，来自打工城市附近县城农村的务工者倾向回家乡中小城市定居。

　差异体现在：对于在大城市打工的新生代农民工，其家庭年收入对其选择去家乡中小城市显示出显著性，而在地级市打工的新生代农民工，其家庭年收入对促进其"留城"体现出显著性；从职业类型看，在大城市打工的新生代农民工，从事技术型和智力型工作者倾向"留城"定居，而对于地级市，从事体力型工作人群倾向"留城"定居；从来源地与打工城市的距离看，在大城市务工的东北三省外的新生代农民工倾向"回农村老家"定居，在地级市务工的东北三省外的新生代农民工倾向"回家乡中小城市"定居。

☆"就业""安居"是新生代农民工定居城市要面对的头等大事。可以考虑探索农村承包经营权及宅基地使用权资本化及让农民工享有城市保障性住房的城市福利等方式促进农民工在城市"安居";从提升就业能力、增加城市就业机会、保护劳动权益等几个方面着手促进新生代农民工在合宜的城市"乐业"。并要对大城市及中小城市实行差异化的城市化策略,要着重提高中小城市对新生代农民工的就业吸纳能力。

9.2 研究的局限与不足

☆ 由于时间和经费的限制,本书只调查了辽宁省新生代农民工定居情况,而中国各大城市由于地理位置、产业特色、城市政策等不同,农民工的定居状况会产生很大的区别,导致了本书的研究发现在适用范围上受到了一定的限制。

☆ 调查是基于一个时点的,而新生代农民工的定居决策是一个动态的变化着的过程。从发展的角度看,无论是新生代农民工的定居决策还是其定居决策的影响因素,都会随着个人发展、社会经济进步、政策制度革新而发生改变,因此要对时点调查的结果对相关问题的参考价值做客观评价。

9.3 进一步的研究方向

（1）应对全国典型地区新生代农民工的定居意愿作对比研究

结合本书调研与已有典型地区的对比发现，不同区域、不同经济发展程度的务工地区务工者的"留城"意愿存在差异。但由于调查时点不同、考察内容不同，所选用的影响因素也存在差异，使得研究结果对比的科学性不足。因此，全国性的典型调查能使研究的结果更具全面性、权威性、科学性，能够为国家层面的城市化政策的制定提供更科学的参考。

（2）应对全体农民工的定居意愿作全面考察

鉴于以往的研究发现新生代农民工具有更强的城市定居意愿，所以本次考察只选择了新生代农民工作为调研对象。但实地访谈中发现，那些40岁左右的农民工可能更加年富力强，这部分人群可能更有定居城市的能力。因此，建议以后研究的样本还应选择全体农民工，之后作样本内的对比研究，这样会有更实际、更科学的结论。

（3）加强如何发挥中小城市在国家城市化发展中主体作用的研究

研究表明，新生代农民工对中小城市的定居意愿倾向明显。那么如何增强中小城市对农民工的吸引力，如何在大、中小城市协调发展中，突显中小城市在中国城市化发展中的主体作用，将是研究中国城市化发展和农民工市民化进程的重要方向。

参 考 文 献

1. 白南生，何宇鹏. 回乡，还是外出？安徽四川二省农村外出劳动力回流研究［J］. 社会学研究，2002（3）：64－78.

2. 蔡昉. 劳动力迁移的两个过程及其制度障碍［J］. 社会学研究，2001（4）：44－51.

3. 蔡禾，王进. "农民工"永久迁移意愿研究［J］. 社会学研究，2007（6）：86－113.

4. 蔡继明. 2亿进城农民工伪城镇化应享市民待遇［EB/OL］. http：//www. farmer. com. cn/zt/lh13/xs/201303/t20130307_816793. htm. 2013.

5. 陈文哲，朱宇. 流动人口定居意愿的动态变化和内部差异——基于福建省4城市的调查［J］. 南方人口，2008（2）：57－64.

6. "城市化发展研究"课题组. 中国城市化的出路在中小城市［J］. 调研世界，2011（3）：6－11.

7. 董延芳，刘传江，胡铭. 新生代农民工市民化与城镇化

发展 ［J］. 人口研究，2011 (5)：65-73.

8. 辜胜阻. 在城镇化中让农民工市民化可引爆巨大内需 ［EB/OL］. http：//theory. people. com. cn/GB/10895084. html. 2013.

9. 国家统计局课题组. 城市农民工生活质量状况调查报告 ［J］. 调研世界，2007 (01)：25-30.

10. 国家统计局. 2012 年我国农民工监测调查报告 ［EB/OL］. http：//www. gov. cn/gzdt/2013-05/27/content_2411923. htm. 2013.

11. 国务院发展研究中心课题组. 农民工市民化，卡在哪儿 ［J］. 决策，2011 (9)：22-24.

12. 郭星华，杨杰丽. 城市民工群体的自愿性隔离 ［J］. 江苏行政学院学报，2005 (1)：57-62.

13. 韩长赋. 农民工应纳入廉租房体系 ［EB/OL］. http：//news. dichan. sina. com. cn/2010/10/14/223635. html. 2013.

14. 韩俊. 2010. 新城市时代的重要主题：农民工在城市安家落户 ［N］. 中国县域经济报，11 月 15 日第 001 版.

15. 韩俊，何宇鹏，金三林. 农民工市民化调查 ［J］. 决策，2011 (9)：20-24.

16. 胡海林. 沈阳市在职职工月平均工资 3 813 元　全国排七 ［EB/OL］. http：//www. ln. xinhuanet. com/newscenter/2012-08/24/c_112829273. htm. 2012.

17. 胡陈冲，朱宇，林李月，王婉玲. 流动人口的户籍迁移意愿及其影响因素分析——基于一项在福建省的问卷调查 [J]. 人口与发展, 2011 (3): 2 - 10.

18. 黄乾. 农民工定居城市意愿的影响因素——基于五城市调查的实证分析 [J]. 山西财经大学学报, 2008 (4): 21 - 27.

19. 黄祖辉等. 进城农民在城镇生活的稳定性及市民化意愿 [J]. 中国人口科学, 2004 (2): 68 - 73.

20. 李培林. 流动民工的社会网络和社会地位 [J]. 社会学研究, 1996 (4): 42 - 52.

21. 李培林. 农民工—中国进城农民工的经济社会分析 [M]. 北京: 社会科学文献出版社, 2003: 196 - 205.

22. 李强, 龙文进. 农民工留城与返乡意愿的影响因素分析 [J]. 中国农村经济, 2009 (2): 46 - 54.

23. 李强, 中国城市化进程中的"半融入"与"不融入" [J]. 河北学刊, 2011 (5): 106 - 114.

24. 李珍珍, 陈琳. 农民工留城意愿影响因素的实证分析 [J]. 南方经济, 2010 (5): 3 - 9.

25. 李卫东. 新生代农民工市民化与中小城市、小城镇发展 [J]. 思想政治工作研究, 2010 (3): 20 - 22.

26. 林李月, 朱宇. 两栖状态下流动人口的居住状态及其制约因素 [J]. 人口研究, 2008, 32 (3): 48 - 56.

27. 刘传江. 农民工生存状态的边缘化与市民化 [J]. 人口与计划生育, 2004 (11): 44 - 47.

28. 刘传江，程建林. 我国农民工的代际差异与市民化 [J]. 经济纵横，2007（4）：18－21.

29. 刘传江，程建林. 新生代农民工市民化：现状分析与进程测度 [J]. 人口研究，2008（5）：48－57.

30. 刘传江. 新生代农民工的特点、挑战与市民化 [J]. 人口研究，2010，34（2）：34－39.

31. 陆康强. 特大城市外来农民工的生存状态与融入倾向——基于上海抽样调查的观察和分析 [J]. 财经研究，2010（5）：65－77.

32. 卢向虎. 中国农村劳动力短期流动现象的一个理论解释——基于托达罗城乡迁移经济行为模型的修正 [C]. 2005 中国制度经济学年会精选论文（第二部分），2005：892－898.

33. 陆铭. 农民工进城与城市化 [EB/OL]. http：//theory. people. com. cn/GB/12239480. html. 2010.

34. 罗列，王征兵. 农民工定居城市倾向的经济学分析 [J]. 长安大学学报，2010（2）：59－64.

35. 罗遐. 农民工定居城市影响因素的实证分析——以合肥市为例 [J]. 人口与发展，2012（1）：58－67.

36. 马晓河，胡拥军. 中国城镇化的若干重大问题与未来总体战略构想 [J]. 农业经济问题，2010（11）：4－10.

37. 马九杰，孟凡友. 农民工迁移非持久性的影响因素分析——基于深圳市的实证研究 [J]. 改革，2003（4）：77－86.

38. 牛文元. 中国新型城市化报告 [M]. 北京：科学出版社，2013.

39. 戚迪明，张广胜. 农民工流动与城市定居意愿分析——基于沈阳市农民工的调查 [J]. 农业技术经济，2012 (4)：44 – 51.

40. 任远，邬民乐. 城市流动人口的社会融合：文献述评 [J]. 人口研究，2006 (3)：87 – 94.

41. 任远. "逐步沉淀" 与 "居留决定居留"：城市外来人口居留模式分析 [J]. 中国人口科学，2006 (3)：67 – 72.

42. 任远，乔楠. 城市流动人口社会融合的过程/测量及影响因素 [J]. 人口研究，2010 (2)：11 – 20.

43. 涂敏霞. 从 "生存" 到 "发展" ——广东新生代农民工的利益诉求 [J]. 中国青年研究，2012 (8)：51 – 55.

44. 万东华. 多措并举破解中小企业困局 [EB/OL]. http：//www. stats. gov. cn/tjshujia/zggqgl/t20111109 _ 402764931. htm，2011.

45. 王春光. 流动中的社会网络：温州人在巴黎和北京的行动方式 [J]. 社会学研究，2000 (3)：109 – 123.

46. 王春光. 农村流动人口的 "半城市化" 的问题研究 [J]. 社会学研究，2006 (5)：107 – 122.

47. 王春光. 中国社会政策调整与农民工城市融入 [J]. 探索与争鸣，2011 (5)：8 – 15.

48. 王桂新，张得志．上海外来人口生存状态与社会融合研究［J］．市场与人口分析，2006（5）：1-12．

49. 王桂新，沈建法，刘建波．中国城市农民工市民化研究——以上海为例［J］．人口与发展，2008（1）：3-23．

50. 王桂新，陈冠春，魏星．城市农民工市民化意愿影响因素考察——以上海市为例［J］．人口与发展，2010（2）：2-11．

51. 王毅杰．流动农民留城定居意愿影响因素分析［J］．江苏社会科学，2005（5）：26-32．

52. 王竹林．城市化进程中农民工市民化研究［D］．西北农林科技大学博士学位论文，2008．

53. 尉建文，张网成．农民工留城意愿及影响因素——以北京市为例［J］．北京工业大学学报（社会科学版），2008，8（1）：9-13．

54. 文军．农民市民化：从农民到市民的角色转型［J］．华东师范大学学报（哲学社会科学版），2004（3）：55-61．

55. 文军．论我国城市劳动力新移民的系统构成及其行为选择［J］．社会学研究，2005（1）：54-58．

56. 吴磊，朱冠楠．进城务工农民定居决策的影响因素分析——以南京市为例［J］．华中农业大学学报（社会科学版），2007（6）：37-41．

57. 吴兴陆．农民工定居性迁移决策的影响因素实证研究［J］．人口与经济，2005（1）：5-10．

58. 夏怡然. 农民工定居地选择意愿及其影响因素分析——基于温州的调查 [J]. 中国农村经济, 2010 (3): 35 – 44.

59. 杨聪敏. 留下还是继续流动: 农民工留浙意愿探讨——基于浙江宁波的实证考察 [J]. 中共福建省委党校学报, 2012 (8): 61 – 67.

60. 杨菊华. 对新生代流动人口的认识误区 [J]. 人口研究, 2010, 34 (2): 44 – 53.

61. 杨伟民. 积极财政政策与农民工定居问题 [J]. 宏观经济研究, 2009 (5): 16 – 19.

62. 姚俊. 农民工定居城市意愿调查——基于苏南三市的实证分析 [J]. 城市问题, 2009 (9): 96 – 101.

63. 叶鹏飞. 农民工的城市定居意愿研究——基于七省 (区) 调查数据的实证分析 [J]. 社会, 2011 (2): 153 – 169.

64. 殷广卫, 薄文广. 基于县级城市的城乡一体化是我国城市化道路的一种政策选择 [J]. 中国软科学, 2011 (8): 111 – 121.

65. 余晓敏, 潘毅. 消费社会与新生代打工妹主体性再造 [J]. 社会学研究, 2008 (3): 143 – 171.

66. 悦中山, 李树苗, 费尔德曼, 杜海峰. 徘徊在"三岔路口": 两代农民工发展意愿的比较研究 [J]. 人口与经济, 2009 (6): 63 – 65.

67. 张华, 夏显力. 新生代农民工市民化意愿及其影响因素分析——以西北3省30个村的339位新生代农民工为例 [J]. 西北人口, 2011 (2): 43–46.

68. 张丽艳, 陈余婷. 新生代农民工市民化意愿的影响因素分析——基于广东省三市的调查 [J]. 西北人口, 2012 (4): 63–66.

69. 张林山. 城镇化和我国农村剩余劳动力梯度转移模式 [J]. 北京科技大学学报 (社会科学版), 2006 (3): 17–20.

70. 张笑秋. 基于流动意愿的新生代农民工代内比较分析——以湖南省为例 [J]. 中国青年研究, 2011 (10): 67–71.

71. 张晓山. 农民工进城定居谁来支付成本 [J]. 当代贵州, 2004 (4): 25.

72. 张翼. 农民工"进城落户"意愿与中国近期城镇化道路的选择 [J]. 中国人口科学, 2011 (2): 14–26.

73. 章铮. 进城定居还是回乡发展? 民工迁移决策的生命周期分析 [J]. 中国农村经济, 2006 (7): 21–28.

74. 赵延东, 王奋宇. 当前我国城市职业流动的障碍分析 [J]. 人口与经济, 2004 (5): 34–39.

75. 郑新立. 中国中小城市发展面临三大历史机遇 [EB/OL]. http://finance.eastmoney.com/news/1345, 201209152510 94043.html, 2012.

76. 曾旭晖, 秦伟. 在城农民工留城倾向影响因素分析 [J]. 人口与经济, 2003 (3): 50–54.

77. 中国城市经济学会中小城市经济发展委员会,《中国中小城市发展报告》编纂委员会. 中国中小城市发展报告(2013)[R]. 北京：社会科学文献出版社，2013.

78. 周密. 新生代农民工市民化程度的测试及其影响因素——基于人力资本与社会资本耦合的视角[D]. 沈阳农业大学博士学位论文，2011.

79. 朱宇. 户籍制度改革与流动人口在流入地的居留意愿及其制约机制[J]. 南方人口，2004（3）：21-28.

80. 朱宇. 国外对非永久性迁移的研究及其对我国流动人口问题的启示[J]. 人口研究，2004，28（3）：52-59.

81. 朱宇. 尊重农民工的多样性需求，推进户籍制度的根本性改革[J]. 人口与发展，2012（2）：24-25.

82. 朱宇，余立，林李月，董洁霞. 两代流动人口在城镇定居意愿的代际延续和变化——基于福建省的调查[J]. 人文地理，2012（3）：1-6.

83. 卓勇良. 关键是要让农民工定居[N]. 社会科学报，2009年8月27日第001版：1-2.

84. 邹农俭. 农民工如何市民化[J]. 江苏社会科学，2013（2）：34-38.

85. Augustin de Coulon, Matloob Piracha. "Self-selection and the Performance of Return Migrants：The Source Country Perspective"[J]. Journal of Population Economics, 2005, 18（4）：779-807.

86. Barro R. J. Economic growth in a cross section of countries [J]. Quarterly Journal of Economics, 1991, 106 (2): 407 –443.

87. Barry R. Chiswick. "Are Immigrants Favorably Self-selected?" [J]. The American Economic Review, 1999, 89 (2): 181 –185.

88. Fan C. C. China on the Move: Migration, the State, and the Household [J]. Routledge: London and New York. 2008.

89. Fan C. C.. Settlement intention and split households: findings from a survey of migrants in Beijing's urban villages [J]. The China Review, 2011 (2): 11 –42.

90. Murphy R. How Migrant Labor Is Changing Rural China [M]. Cambridge University Press. 2002.

91. George J. Borjas. "Self-selection and the Earning of Immigrants" [J]. The American Economic Review, 1987, 77 (4): 531 –553.

92. Goldstein S. The impact of temporary migration on urban places: Thailand and China as case studies, in: Kasarda JD, Parnell AM (Eds) [C]. In Third World Cities: Problems, Policies, and Prospects. Sage Publications: Newbury Park, 1993: 199 –219.

93. Hare, Denise. " 'Push' versus 'Pull' Factors in Migration Outflows and Returns: Determinants of Migration Status and Spell Duration among China's Rural Population" [J]. Journal of De-

velopment Studies, 1999, 35 (3): 45 –72.

94. Guest P. Mobility transitions within a global system: migration in the ESCAP region [J]. Asia – Pacific Population Journal, 1999 (4): 57 –72.

95. Hu Feng, Xu Zhaoyuan, Chen Yuyu. Circular migration, or permanent stay? Evidence from China's rural-urban migration [J]. China Economic Review, 2011 (22): 64 –74.

96. Hugo G. J. Circular migration in Indonesia [J]. Population and Development Review, 1982, 81 (2): 59 –84.

97. Hugo G. J. Changing patterns and processes of population mobility. In G W. Jones and T. H. Hull (eds.) [C]. Indonesia Assessment: Population and Human Resource. Singapore: Institute of Southeast Asian Studies, 1997: 68 –100.

98. Lee E. S. A Theory of Migratin [J]. Demography, 1966, 3 (1): 47 –57.

99. Massey Douglas S. "Understanding Mexican Migration to the United States" [J]. American Journal of Sociology, 1987, 92 (6): 1372 –1403.

100. Ramos F. "Out-migration and Return Migration of Puerto Ricans" [C]. Immigration and the Work Force: Economic Consequences for the United States and Source Areas. University of Chicago Press. Chicago, 1992: 49 –66.

101. Robert A. Nakosteen, Michael Zimmer. "Migration and Income: The Question of Self-selection" [J]. Southern Economic Journal, 1980, 46 (3): 840 – 851.

102. Schwartz Aba. Interpreting the Effect of Distance on Migration [J]. Journal of Political Economy, 1973, 81 (9): 1153 – 1169.

103. Spaan E. Labour Circulation and Socioeconomic Transformation: The Case of East Java, Indonesia [M]. Netherlands Interdisciplinary Demographic Institute: The Hague. 1999.

104. Stark O. , Bloom D. E. . The new economics of labor migration [J]. American Economic Review, 1985 (75): 173 – 178.

105. Stark Oded. "Migration Decision Making: A Review Article" [J]. Journal of Development Economics, 1984 (14): 251 – 259.

106. Todaro Michael P. Internal Migration and Urban Employment: Comment [J] . American Economic Review, 1986, 76 (3): 566 – 570.

107. Zhu Yu, Chen Wenzhe. The Settlement Intention of China's Floating Population in the Cities: Recent Changes and Multifaceted Individual – Level Determinants [J]. Population, Space and Place, 2010 (16): 253 – 267.

108. Zhao Y. Causes and Consequences of Return Migration: Recent Evidence from China [J]. Journal of Comparative Econom-

ics, 2002, 30 (2): 376 – 394.

109. Zhao Yaohui. The Role of Migrant Networks in Labor Migration: The Case of China [J]. Contemporary Economic Policy, 2003, 21 (4): 500 – 511.

110. Zhu Y. The floating population's household strategy and the migration's role in China's regional development and integration [J]. International Journal of Population Geography, 2003, 9 (6): 485 – 502.

111. Zhu Yu. China's floating population and their settlement intention in the cities: beyond the Hukou reform [J]. Habitat International, 2007 (31): 65 – 72.

后　记

本书是我于母校沈阳农业大学读博期间的主要成果，感谢我的导师张广胜教授，感谢您的教诲、鼓励和期待，这些回忆将成为学生的宝贵财富，激励学生终生求索，严谨做事，诚恳待人。

感谢尊敬的吕杰教授、翟印礼教授、周静教授、王春平教授、戴蓬军教授、刘钟钦教授、兰庆高教授、李忠绪教授无私的教诲、无形的影响；感谢呼应老师、李大兵老师，感谢栾香禄老师、张美华老师；感谢同门老师、师弟、师妹们的相学、相助、相伴；感谢辛苦调研的师弟师妹们；感谢六弟白春材及弟妹、感谢锦州市劳动局农民工工作处宫国生处长、农民工工作处的朱浩然同志，感谢辽宁省人社厅农民工工作处杨处长及杨欣同志，感谢台安市劳动部门、北镇市劳动部门及相关企业提供的热情帮助；感谢我亲爱的父母、公婆、爱人刘东、大儿刘纳川对我求学的支持和理解。

最后，感谢辽宁工程技术大学博士科研基金项目的资助。

黄庆玲